Mathias Brodkorb / Katja Koch

Der Abiturbetrug

Mathias Brodkorb/Katja Koch

Der Abiturbetrug

Vom Scheitern des deutschen Bildungsföderalismus

Eine Streitschrift

Mit Illustrationen von Clemens Decker

© 2020 zu Klampen Verlag · Röse 21 · 31832 Springe · www.zuklampen.de

Umschlaggestaltung: Stefan Hilden · München · www.hildendesign.de
unter Verwendung mehrerer Abbildungen von www.shutterstock.com
Satz: Germano Wallmann · Gronau · www.geisterwort.de
Druck: CPI – Clausen & Bosse · Leck · www.cpi-print.de

ISBN 978-3-86674-616-9

Bibliografische Information der Deutschen Nationalbibliothek
Die Deutsche Nationalbibliothek verzeichnet diese Publikation
in der Deutschen Nationalbibliografie; detaillierte bibliografische Daten
sind im Internet über ‹http://dnb.dnb.de› abrufbar.

Inhalt

Vorwort   7

Einleitung   11

Unser Abitur: Niveaulos und ungerecht!   15

Der Morbus Germann oder:
Das deutsche Abitur im Chaos   26

Bildungsföderalismus – 70 Jahre Scheitern   40

Der Bildungsföderalismus als Versicherungspolice   40

Wie die Öffentlichkeit über
den Bildungsföderalismus denkt   42

Die Wissenschaft als Gummimauer
des Bildungsföderalismus   43

Die Kultusministerkonferenz als Knautschzone
des Bildungsföderalismus   45

Das heutige »Zentralabitur«: Ein bildungspolitischer Fake   57

Die Output-Steuerung als Kanon-Killer   58

Der bundesweite Aufgabenpool:
Ein Lottospiel mit wenigen Treffern   67

Drei Antworten auf die Misere 79

Warum der Bildungsföderalismus Unsinn ist
und wir eine zentralstaatlich gesteuerte
Bildungspolitik brauchen 80

Warum wir zu viele Abiturienten haben
und deshalb die Quote halbieren müssen 89

Warum wir einen Bildungskanon brauchen 100

Abitur auf dem Bierdeckel –
Gebrauchsanleitung für ein bundesweites Zentralabitur 111

Legt die Entscheidung in die Hände des Volkes! 122

Ein Gruß an unsere Kritiker 132

Anmerkungen 133

Literatur 140

Die Autoren 148

Vorwort

Es gibt viele Bücher über Bildung. Vermutlich sogar viel zu viele. Warum fügen wir den Unmengen ein weiteres hinzu? Was unterscheidet es von anderen? Ganz einfach: Wir sprechen klar aus, wie die Lage ist und was getan werden müsste, um sie zu ändern. Wir müssen auf nichts und niemanden Rücksicht nehmen. Nicht auf Wahlen, nicht auf die Vergabestellen lukrativer Forschungsaufträge. Und vor allem wollen wir uns nicht damit zufrieden geben, in einem maroden Gebäude bloß die Wände neu anzustreichen. Das marode Gebäude, der Bildungsföderalismus, gehört abgerissen.

Die Einwände, die gegen dieses Buch formuliert werden dürften, sind unschwer zu erahnen. Dem Autor, einst Bildungsminister von Mecklenburg-Vorpommern, wird man vor allem im politischen Raum sofort die süffisante Frage stellen: »Ja, was hat der Herr, der nun so eifrig kluge Ratschläge gibt, eigentlich die ganzen Jahre selbst getan, um die Lage zu verbessern?« Zwar gäbe es dazu einiges zu sagen, aber hierauf sei verzichtet, weil es nur von der Sache selbst ablenken würde. Lesen Sie das Buch, und Sie werden sehen: Deutschlands Bildungsprobleme wurzeln in *System*fehlern. Sein Bildungssystem ist eine Geisel der föderalen »Vetokratie«.[1] Einzelne Akteure können Entscheidungen blockieren, obwohl diese den übergroßen Wählerwillen zum Ausdruck brächten und dem Gemeinwohl dienlich wären.

Der Autorin, einer Professorin für Sonderpädagogik, dürfte ihrerseits aus dem wissenschaftlichen Umfeld die Frage begegnen: »Was weiß denn schon eine Sonderpädagogin, die sich an-

7

sonsten um die Ausbildung von Förderschullehrern kümmert, vom Olymp der schulischen Bildung, dem Abitur?« Diese Frage wäre nur dann berechtigt, wenn das deutsche Schulsystem in erster Linie unter einem wissenschaftlichen Erkenntnisproblem litte und es daher wissenschaftliche Spezialisten bräuchte, um die bestehenden Probleme zu erkennen. Deutschlands Schulsystem leidet allerdings nicht unter einem wissenschaftlichen Erkenntnisproblem, sondern unter einer *politischen Handlungsblockade*. Es ist ja nicht so, dass unbekannt wäre, was zu tun ist. Die Fakten hierzu liegen alle auf dem Tisch. Seit Jahrzehnten sind die dafür erforderlichen Bücher und wissenschaftlichen Analysen geschrieben. Es fehlt schlicht an der politischen Bereitschaft und am Mut, aus diesen Analysen die erforderlichen Konsequenzen zu ziehen – und diese Bereitschaft ist im bestehenden System kaum herzustellen. Um das zu erkennen, braucht es kaum mehr als gesunden Menschenverstand. Eine Professorin für Sonderpädagogik könnte insofern geradezu als überqualifiziert gelten.

Allerdings unterliegt dieser Text einer Gefahr. Fast täglich ändern sich die Meinungen der zuständigen Verantwortungsträger, ereilen uns neue Beschlüsse der zuständigen Gremien. Auch dies hat seine Ursache nicht in intellektueller Überforderung. Es ist die unvermeidliche, oft nahezu panikartige Anpassungsreaktion eines Systems samt seiner Akteure, die ganz genau wissen, was falsch läuft und daher immer wieder Versuche unternehmen müssen, die beklagenswerten und offensichtlichen Widersprüche durch Kompromisse und Ausweichbewegungen unter einem Tarnmantel vor der Öffentlichkeit zu verbergen. Die Debatte über einen »Nationalen Bildungsrat« sowie einen »Bildungsstaatsvertrag«, die auch Gegenstand dieses Buches ist, legt hiervon beredt Zeugnis ab.

Wir können daher nicht ausschließen, dass just in dem Moment, in dem die Drucker und Buchbinder ihre Arbeit an diesem

Buch abgeschlossen haben, sein Inhalt an der einen oder anderen Stelle schon wieder unaktuell scheint, weil gerade wieder eine neue Sau durchs Dorf getrieben wird. Lassen Sie, liebe Leserinnen und Leser, sich dadurch aber nicht irre machen, denn in einem können Sie ganz sicher sein: Grundsätzlich bessern wird sich nichts, solange der Bildungsföderalismus lebt.

Schwerin/Rostock, im Januar 2020

Einleitung

Hurra! Sabine hat ihr Abitur in der Tasche. Wer hätte das gedacht? In den letzten beiden Schuljahren in Mathe und Deutsch 5, in den Abiturprüfungen sogar eine 6 – aber geschafft ist geschafft. Für Thomas lief es leider nicht so gut. Zu dumm, dass er ausgerechnet in Bayern lebt. Und Maria? Die hat einen Durchschnitt von 1,2. Das wird ihr für einen Studienplatz in Medizin aber auch nicht helfen. Absolventen mit solchen Durchschnitten gibt's inzwischen viele. Bei Manuel wäre es fast schief gegangen. Zum Glück konnte er zwei miserable Zeugnisnoten durch eine »Facharbeit« ersetzen. Die hat er zwar zu Hause geschrieben, dabei halfen ihm das Internet und seine Freundin – aber das weiß ja niemand. Absurd? Natürlich ist das absurd! Aber im bildungsföderalen Deutschland ist es genau so möglich. Und das, obwohl gerade hier die Abiturnote maßgeblich darüber entscheidet, an welche Stelle im sozialen Gefüge Sabine, Maria, Thomas und Manuel im Laufe ihres Lebens gelangen können. Ob sie für ein Medizin- oder Jurastudium eine Pole-Position oder keine Chance haben, ob sie in München, Berlin oder Hildesheim studieren werden – all das entscheidet sich vor allem an ihrem Abiturdurchschnitt.

Allerdings ist die Aufregung groß, wenn irgendetwas dabei schiefläuft. Jüngstes Beispiel sind die Schülerproteste im Sommer 2019. In zahlreichen Bundesländern verbündeten sich jeweils tausende Abiturprüflinge und starteten Protestnoten in Richtung Kultusministerien. Die Aufgaben im Fach Mathematik seien zu schwer gewesen, der Notenschlüssel müsse deshalb angepasst werden. Im Klartext: Die Mathematiknoten sollten durch politischen Beschluss künstlich aufgehübscht werden. Allein darüber kann man sich schon wundern. Aber richtig kurios wird die Sache erst dadurch, dass sich die Proteste je nach Bundesland auf ganz *verschiedene* Aufgaben bezogen. Schließlich sind Prüfungen ja Ländersache.

Und wie ging die Geschichte aus? Natürlich verschieden: Während Länder wie Hamburg oder Bremen dem Flehen nachgaben, schalteten Bayern und Mecklenburg-Vorpommern auf stur. So richtig diese Entscheidung in der Sache war, um fachliches Niveau in den Prüfungen zu garantieren, so ungerecht ist sie für die Schüler aus Bayern und Mecklenburg-Vorpommern. Sie verlassen die Schule mit schlechteren Noten und haben damit ungünstigere Startbedingungen im Wettbewerb um spätere soziale Positionen.

Damit wären wir bei den beiden wesentlichen Problemen des Abiturs in Deutschland: *Erstens* sein fragwürdiges Niveau und *zweitens* die mangelnde Vergleichbarkeit der Abschlüsse. Und aus dieser mangelnden Vergleichbarkeit zwischen den Bundesländern folgt ein eklatantes Gerechtigkeitsproblem für unsere Schüler. Genau genommen schlummert hierin ein staatspolitischer Skandal. Das Grundgesetz verpflichtet die staatlichen Organe der Bundesrepublik Deutschland in Artikel 3 dazu, ihre Bürger nach gleichen und sachlich begründeten Maßstäben zu behandeln. Beim Abitur aber wird diese Pflicht seit Jahrzehnten erkennbar verletzt. Inzwischen haben wir 16 vollkommen unterschiedliche und zudem kaum durchschaubare Systeme. Deren Steuerung ist teuer und ineffizient. Gleichzeitig ist, als Folge einer jahrelang politisch gewollten Steigerung der Abiturientenquote, das Niveau der Abschlüsse offensichtlich verfallen. Ein fadenscheiniges »Zentralabitur« soll Niveau und Gerechtigkeit retten. Aber das ist nichts anderes als eine Nebelbombe zur Beruhigung der Öffentlichkeit. In Wirklichkeit geht es um die Rettung eines gescheiterten Bildungsföderalismus, bei dem

Länderinteressen weit mehr gelten als die gesamtstaatliche Verantwortung für Bildung.

Im Bereich des Abiturs liegt somit ein doppelter Fall von systematischer, durch den Staat organisierter Täuschung vor. Erstens wird mit dem Abiturzeugnis die allgemeine Studierfähigkeit vorgegaukelt. Doch die bringen längst nicht mehr alle Abiturienten mit. Das Zertifikat hält also nicht, was es verspricht. Und zweitens wird der Eindruck erweckt, der Staat sichere die Vergleichbarkeit des Abiturs in Deutschland bereits durch verschiedene Maßnahmen, so dass wir uns quasi auf dem Weg hin zu einem gerechten und vergleichbaren Zentralabitur befinden. Auch das ist nicht der Fall. Insofern ist es zwar hart, von einem »Abiturbetrug« zu sprechen, in der Sache aber richtig.

Im Grunde müssen wir den aufbegehrenden Abiturienten vom Sommer 2019 dankbar sein. Ihre Proteste haben die ganze bildungspolitische Misere wie mit einem Scheinwerfer ausgeleuchtet. Dank des nachträglichen Eingriffs einiger Kultusministerien in die Notengebung dürfte auch dem Letzten klargeworden sein: Die Abiturnote ist weit mehr als nur ein Leistungszertifikat, sie ist ein Politikum. Beliebigkeit, Inflation und Ungleichwertigkeit dieser Note enthüllen nicht weniger als das Scheitern des Bildungsföderalismus. Doch obwohl eine große Mehrheit der Bevölkerung damit unzufrieden ist, bleibt der Bildungsföderalismus eine heilige Kuh. Wenn aber Politik, Verwaltung und Wissenschaft auf Dauer gegen den Willen der Bevölkerung handeln, ohne dafür überzeugende Argumente auf ihrer Seite haben, steht die Demokratie vor einem Problem.

Wir halten den Bildungsföderalismus für gescheitert. Bildung gehört in den wichtigsten Fragen in Bundeshand. Aber um die bestehenden Ungerechtigkeiten wirklich zu beenden und mit dem Abitur gleichzeitig ein Zertifikat zu haben, das seinen Namen wert ist, sind zwei weitere Maßnahmen erforderlich. Zum einen müssen wir das Niveau des Abiturs wieder anheben, was die Abiturientenquote deutlich senken würde. Das ist zwar unbequem, aber letztlich profitierten alle davon: die Hochschulen, die wieder auf hohem Niveau lehren und forschen könnten und weniger Studienabbrecher hätten; die Schulen mit gymnasialen Bildungsgängen, die sich wieder an herausfordernde Unterrichtsinhalte wagen könnten; die Mittelschulen, die wieder über eine breite Leistungsspitze verfügen würden; das Handwerk, das wieder ausreichend gut qualifizierten Nachwuchs finden könnte. Zum anderen brauchen wir wieder mehr Verbindlichkeit in den Lern*inhalten*. Egal ob »Bildungskanon« oder »Lehrplan« genannt – entscheidend ist die Verbindlichkeit. Nur eine solche Verbindlichkeit kann das fachliche Niveau des Abiturs sicherstellen und einen für alle gleichen Maßstab liefern.

Das alles ist nur zu machen, wenn Bildung nicht mehr allein Ländersache ist. Dies zu ändern aber hieße, nicht nur Wände neu anzustreichen, sondern das marode Gebäude des Bildungsföderalismus durch ein neues zu ersetzen. Geordnet werden könnte dann übrigens nicht nur das Abitur, sondern letztlich alle Schulabschlüsse. Denn bei denen sieht es nicht besser aus. Aber damit verschonen wir Sie in diesem Buch. Das ganze Elend unseres Schulsystems auf einen Schlag auszubreiten wäre denn doch zu viel.

Unser Abitur: Niveaulos und ungerecht!

Viele von Ihnen werden es kennen: Während sich Ihr Kind am Gymnasium für gute Noten abmühen muss, gleitet die Cousine in einem anderen Bundesland ohne erkennbare Anstrengung durch den Matheleistungskurs. Obwohl sie keinesfalls klüger ist. Während Sie Ihr Kind ermutigen, das Beste aus sich herauszuholen, schreibt ein Bekannter in Hamburg beflissen an der Facharbeit seines Sohnes mit. Während Sie die Nachhilfe für Physik bezahlen, konnten die Freunde Ihres Kindes im benachbarten Bundesland das Fach längst abwählen...

Dass ein Kind in Sachsen oder Bayern vermutlich mehr lernt als anderswo, hat seinen Preis. Dummerweise wird die Plackerei nicht immer mit den besten Chancen belohnt. Den begehrten Studienplatz nämlich bekommt man nicht mit dem größten Wissen, sondern mit den besten Noten. Und dafür wohnt man dann besser in Thüringen oder Hamburg als in Bayern oder Sachsen. Sieht so ein gerechtes Bildungssystem aus?

Es gibt wohl keinen Schulabschluss, bei dem die staatlich organisierte Bildungs*un*gerechtigkeit deutlicher zutage tritt als beim Abitur. Das liegt daran, dass Studienbewerber bundesweit mobil sind und sich daher in einer bundesweiten Konkurrenzsituation befinden. In zahlreichen Studiengängen kommt es für die Platzvergabe auf die Abiturnote an. Und zwar aus Gerechtigkeitsgründen!

In Deutschland allerdings wird die Gerechtigkeitsdebatte fast ausschließlich vom Motiv der *sozialen* Gerechtigkeit bestimmt.[2]

Beginnen wir mit dem, was hinlänglich bekannt ist: Die Bildungschancen sind auch im deutschen Schulsystem ungleich verteilt.
Bei gleichem Leistungsvermögen macht ein Kind aus einem
Akademiker- oder Beamtenhaushalt mit größerer Wahrscheinlichkeit das Abitur als ein Kind aus einem Arbeiterhaushalt. Mit
anderen Worten: Der Bildungserfolg der Schüler hängt auch vom
sozialen, vor allem aber vom kulturellen Hintergrund der Eltern
ab. Selbstverständlich ist es ein ehrenwertes und wichtiges Ziel,
soziale Ungerechtigkeit im Bildungssystem zu verringern. Zur
Wahrheit gehört aber auch: Dieses Ziel wird niemals vollständig erreichbar sein. Hierzu müsste die Schule alle sozialen und
kulturellen Unterschiede ausgleichen, mit denen Kinder in ihren
Familien aufwachsen. Da Bildungsprozesse spätestens mit der
Geburt beginnen, schrittweise aufeinander aufbauen und Lehrkräfte nicht in die Vergangenheit reisen können, ist dies illuso-
risch: »Die Ungleichheiten sozialer Herkunftsmilieus lassen sich
weder wegtherapieren noch wegsozialisieren.«[3]

Wer ein gerechtes *und* leistungsfähiges Abitur haben will, muss
daher drei entscheidende Fragen beantworten:

1. *Wozu soll das Abitur eigentlich befähigen und welches fachliche
   Niveau ist folglich angemessen?*
2. *Wie kann der Staat seinem gesetzlichen Auftrag gerecht werden,
   alle Bürger gleich zu behandeln?*
3. *Was kann der Staat tun, um sozial bedingte Ungerechtigkeiten
   zu verringern?*

Keine dieser Fragen ist verzichtbar. Vor allem aber gilt: Die Rang-
folge dieser Fragen darf nicht verändert werden. Soziale Gerechtigkeit im Bildungswesen nützt herzlich wenig, wenn zugleich das
Niveau der schulischen Bildung gesenkt wird und der Staat die
Bürger bei der Vergabe der Bildungsabschlüsse ungleich behan-
delt. In Deutschland aber wurde in den letzten Jahrzehnten die

drittwichtigste Frage zur wichtigsten. Und das blieb nicht ohne Folgen.

Das Gymnasium als Schule für jeden

Sieht man sich die Entwicklung der Abiturientenquote seit der Wiedervereinigung an, kann man sich nur verwundert die Augen reiben. Im Jahr 1992 legte nur fast jeder Vierte eines Altersjahrgangs das Abitur ab. Rund 25 Jahre später waren es mit rund 40 Prozent fast doppelt so viele.

Da die Reifeprüfung vor allem auf ein anspruchsvolles Studium vorbereiten soll, bleiben zur Erklärung für diese Entwicklung nur zwei Möglichkeiten: Entweder ist es in den vergangenen Jahren gelungen, die Begabungsreserven der jüngeren Generation besser auszuschöpfen als jemals zuvor, ohne dass das fachliche Niveau des Abiturs Schaden erlitten hat. Oder aber die Leistungsfähigkeit der Gesamtbevölkerung ist nicht beliebig steigerbar – dann wäre die Zunahme an Abiturienten mit einem Niveauverfall an Deutschlands Gymnasien und Gesamtschulen erkauft worden.

Noch interessanter als der bloße Anstieg der Abiturientenquoten sind allerdings die Unterschiede zwischen den Ländern. Das Abitur wird nämlich keinesfalls gleich häufig vergeben. Die niedrigsten Abiturientenquoten von rund 32 beziehungsweise 34 Prozent gab es im Jahr 2018 in Bayern und Sachsen-Anhalt, die Spitzenreiter waren Hamburg und Berlin mit rund 55 beziehungsweise 51 Prozent. Die Chancen eines Schülers auf ein Abitur sind in den beiden Stadtstaaten folglich um rund 70 Prozent größer als in den beiden Flächenländern.

Wem das Abitur zu schwer ist, kann die Fachhochschulreife erwerben. Sie berechtigt zwar nicht zu einem Studium an einer Universität, aber zum Studium an einer Fachhochschule. Immer-

Hochschulreifequoten im Jahr 2018

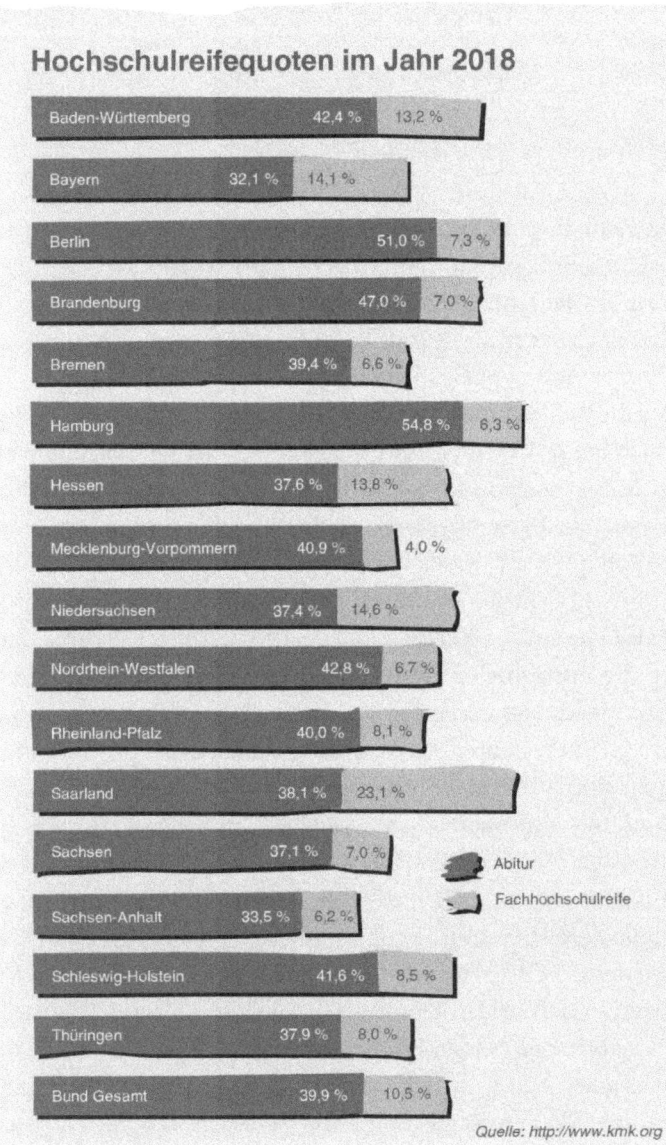

	Abitur	Fachhochschulreife
Baden-Württemberg	42,4 %	13,2 %
Bayern	32,1 %	14,1 %
Berlin	51,0 %	7,3 %
Brandenburg	47,0 %	7,0 %
Bremen	39,4 %	6,6 %
Hamburg	54,8 %	6,3 %
Hessen	37,6 %	13,8 %
Mecklenburg-Vorpommern	40,9 %	4,0 %
Niedersachsen	37,4 %	14,6 %
Nordrhein-Westfalen	42,8 %	6,7 %
Rheinland-Pfalz	40,0 %	8,1 %
Saarland	38,1 %	23,1 %
Sachsen	37,1 %	7,0 %
Sachsen-Anhalt	33,5 %	6,2 %
Schleswig-Holstein	41,6 %	8,5 %
Thüringen	37,9 %	8,0 %
Bund Gesamt	39,9 %	10,5 %

Quelle: http://www.kmk.org

hin fast elf Prozent erwarben im Jahr 2018 diesen Abschluss. Damit erreichte letztlich jeder zweite Schulabsolvent die Hochschulreife, in Hamburg und im Saarland waren es insgesamt sogar über 60 Prozent. Die Unterschiede zwischen den Ländern sind hier noch gravierender als beim Abitur: Während in Mecklenburg-Vorpommern nur vier Prozent eines Altersjahrgangs die Fachhochschulreife erwerben, sind es im Saarland mit 23 Prozent fast sechsmal so viele.

Mit den im Grundgesetz garantierten gleichwertigen Lebensverhältnissen in Deutschland hat dies nicht mehr viel zu tun. Selbst dann nicht, wenn man die im Bildungsstreben traditionellen Unterschiede zwischen Stadt und Land in Rechnung stellt.

Das Niveau sinkt – Die Noten werden besser

Nun könnten die Anhänger des Bildungsföderalismus jedoch ein Wettbewerbsargument stark machen und einwenden, dass diese Unterschiede durchaus gewollt seien. Das Bundesland mit dem besseren Bildungssystem wäre dann eben einfach auch erfolgreicher. Allerdings verträgt sich dies nicht mit der Realität. Bayern müsste dann nämlich angesichts der Abiturientenquoten über eine geringere Anzahl leistungsstarker Schüler verfügen als beispielsweise Hamburg. Das ist zwar theoretisch möglich, würde aber voraussetzen, dass die Leistungen in den Ländern eklatant unterschiedlich verteilt sind. Alle verfügbaren Daten widersprechen dieser Annahme.

Zwar liegen für Deutschlands Abiturienten keine aktuellen Vergleichsstudien aus allen Ländern vor, dafür aber für die Gymnasiasten der neunten Klassen. Und man darf mit einiger Berechtigung annehmen, dass die Leistungen der Schüler in der neunten Jahrgangsstufe einen gewissen Vorhersagewert für die Leistungen

Der Notendurchschnitt der Bundesländer im Vergleich (2018)

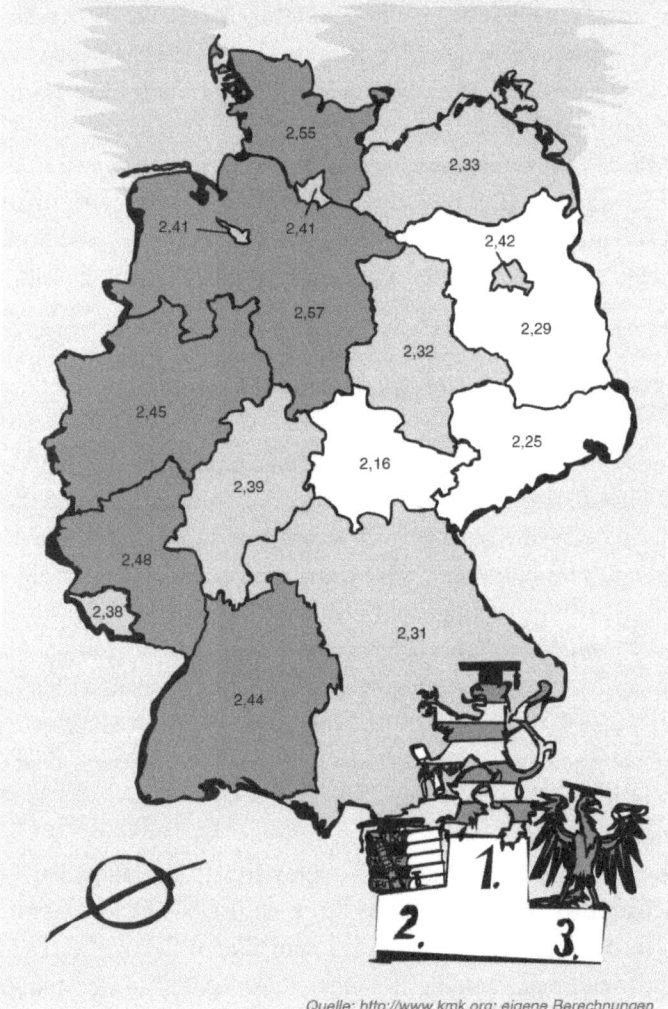

Quelle: http://www.kmk.org; eigene Berechnungen

im Abitur haben. Die Befunde dieser Studien sind eindeutig. Ob Mathematik oder Naturwissenschaften, ob Deutsch oder Englisch: Die bayerischen Schüler liegen im Westen und die sächsischen im Osten in der Regel ganz vorne, während sich die Schüler aus Berlin und Hamburg häufig auf hinteren Plätzen wiederfinden.[4] Die Forscher kamen außerdem zu einem anderen interessanten Ergebnis. Je mehr Schüler das Gymnasium besuchen, desto geringer sind in den meisten Bundesländern ihre Leistungen: »Mit steigender Gymnasialquote gehen niedrigere durchschnittliche Kompetenzen einher.«[5] Überraschen kann das nicht. Die steigende Abiturientenquote hat also ihren Preis. Und der heißt: Niveauverlust![6]

Wenn nun aber immer mehr junge Menschen das Abitur ablegen und zugleich das Leistungsniveau der Gymnasiasten gesunken ist, müssten auch die Abiturnoten schlechter geworden sein. Aber weit gefehlt! Berlin, Hamburg, Bayern und Sachsen-Anhalt liegen trotz großer Leistungsunterschiede unerklärlich dicht beieinander. Außerdem ist der Durchschnitt in den letzten Jahren in ganz Deutschland immer besser geworden. Allein von 2006 bis 2018 steigerte er sich von 2,53 auf 2,42. Nur Baden-Württemberg bildet hier eine Ausnahme.

Absoluter Spitzenreiter ist übrigens seit Jahren das Land Thüringen. Seine Abiturienten erreichten im Jahr 2018 einen traumhaften Notendurchschnitt von 2,16 und freuen sich über die besten Chancen beim Zugang zum Wunschstudium. Bei rund 40 Prozent der Abiturienten aus Thüringen steht beim Abiturdurchschnitt eine Eins vor dem Komma. Und auch der Anteil der Abiturienten mit einem Notendurchschnitt von 1,0 ist deutschlandweit nicht zurückgegangen, sondern hat sich im genannten Zeitraum fast verdoppelt, in einzelnen Ländern fast versechsfacht. Während Baden-Württemberg auch hier eine Ausnahme bildet, ist Thüringen wiederum spitze! Kein Wunder also, dass auch das Bundesverfassungsgericht die »eingeschränkte länderübergreifende Vergleichbarkeit«[7] der Abiturnoten beklagt.

Die Daten sprechen also eine deutliche Sprache: Wenn Sie wollen, dass Ihre Kinder wirklich etwas lernen, dann schicken Sie sie im Osten am besten in Sachsen und im Westen in Bayern aufs Gymnasium. In allen anderen Fällen können wir Ihnen den Besuch eines Gymnasiums in Berlin oder Hamburg wärmstens empfehlen. Dort sind die Chancen mit mittelmäßigen oder gar schlechten Leistungen am größten, dennoch das Abitur abzulegen. Wenn Ihr Kind eigentlich recht klug ist, aber kein Überflieger und unbedingt Medizin studieren will, dann am besten ab nach Thüringen. Da lässt sich der Notendurchschnitt am besten aufpolieren. Und wenn Sie merken, dass es mit dem Abitur knapp werden könnte, ist das Saarland eine gute Möglichkeit für den sicheren Erwerb der Fachhochschulreife.

Die Befunde zeigen zweierlei: Es kann nicht gerecht sein, wenn ausgerechnet die Länder mit den höchsten Abiturientenquoten zu jenen mit den schlechtesten Schülerleistungen gehören. Jedenfalls dann, wenn man an einem »echten« Abitur festhalten will. Und: Wenn sich die Zahl der Abiturienten in wenigen Jahren drastisch erhöht und sich zugleich die Durchschnittsnoten nicht verschlechtern, sondern sogar verbessern, *muss* das Niveau gesunken sein, es sei denn, wir glaubten, dass in den letzten Jahren die Intelligenz vom Himmel gefallen ist wie einst das Manna. Vielleicht ist es zu viel behauptet, dass diese Entwicklung bewusst in Gang gesetzt wurde. Aber der Vorrang der Debatte über soziale Gerechtigkeit im Bildungssystem dürfte die Bereitschaft der Bevölkerung deutlich gemindert haben, eventuell schmerzliche, aber berechtigte Leistungsentscheidungen durch Schulen noch zu akzeptieren. Und da Politiker wiedergewählt werden wollen und ihr Wohl und Wehe vom Willen der Wähler abhängt, ist es nicht unwahrscheinlich, dass sich auf diesem Weg das Bildungsniveau der Schulabschlüsse Schritt für Schritt nach unten entwickelt hat – beginnend mit dem Abitur. Die nachträgliche Notenkorrektur im Fach Mathematik durch einige Bundesländer im Sommer 2019 ist ein deutliches Anzeichen hierfür.

Von Respekt und Handwerkerstolz

Wer, wie die Autoren des vorliegenden Buches, klar und deutlich das fachliche Niveau des deutschen Abiturs in Frage stellt und damit zwangsläufig auch die hohe Zahl an Abiturienten, sieht sich schnell dem Vorwurf ausgesetzt, ein elitäres Weltbild zu pflegen. Für ein solches Weltbild wären, so wird unterstellt, Abitur und akademische Weihen nur etwas für die geistig Hochwohlgeborenen unter uns, während sich alle anderen gefälligst in der beruflichen Welt zu tummeln, kleinere und vor allem anständige Brötchen zu backen hätten. Wer die Diskussion mit diesem rhetorischen Trick von den Fakten weg in die Welt des Moralismus verschiebt, kann sich großen Beifalls sicher sein. In einer Demokratie ist kaum jemand bereit, sich von einer selbst ernannten »Elite« den bloß »gewöhnlichen Menschen« zurechnen zu lassen.

In Wahrheit jedoch ist es umgekehrt: Die seit Jahrzehnten anhaltende Debatte um die sogenannte »Wissensgesellschaft« hat in Deutschland gigantische Illusionen erzeugt. Seit langer Zeit schon wird ausgerechnet von den kulturellen und politischen Eliten für einen immer breiteren Zugang zu Abitur und Hochschulstudium getrommelt. Julian Nida-Rümelin nennt das den »Akademisierungswahn«.[8] Die öffentliche Debatte legt dabei den Eindruck nahe, die echte Menschwerdung beginne erst mit dem Abitur oder gar einem Studium. Als seien Handwerker oder Facharbeiter etwas minderbemittelte Vorstufen der wahren menschlichen Existenz. Durch größeren beruflichen Erfolg aufgrund eines

Hochschulstudiums lässt sich diese Werteverschiebung nicht erklären. Nichtakademische Fachkräfte verdienen in aller Regel mehr als Geisteswissenschaftler. Aber ausgerechnet Studienfächer aus diesem Bereich sind außerordentlich beliebt. Es muss also andere Gründe als den bloßen beruflichen Erfolg für den Ansturm auf Gymnasien und Hochschulen geben. Und die sind kulturell.

Der Akademisierungswahn lässt sich ohne den ihm innewohnenden Hang zur kulturellen Verachtung handwerklicher und praktischer Tätigkeiten nicht erklären. Die Idee des gesellschaftlichen Aufstiegs wird immer stärker mit der Frage verbunden, ob man sein Abitur und vielleicht sogar ein Studium geschafft hat oder nicht – egal um welchen Preis. Und den Eltern und ihren Kindern wird zunehmend eingeredet, daran müsse ihr Selbstwertgefühl hängen. Ein verhängnisvoller Irrtum.

Es fehlt uns heute nicht nur die Einsicht, dass viele, ganz unterschiedliche Berufe für das Funktionieren unserer Gesellschaft gleichermaßen von Bedeutung sind, sondern vor allem Respekt: »Die Krise beruflicher Bildung ist vor allem eine Krise der Anerkennungskultur, der Anerkennung von nichtakademischen Fähigkeiten, Begabungen und Interessen.«[9] Es darf also nicht denjenigen, die das niedrige Niveau unseres heutigen Abiturs und die zu hohe Anzahl von Abiturienten und Studenten kritisieren, eine elitäre und arrogante Grundhaltung unterstellt werden, sondern eher ihren Gegnern.

Aber das ist nicht nur ein symbolisches, sondern auch ein ganz handfestes wirtschaftliches Problem. Dass an Handwerkern und Facharbeitern Mangel herrscht, dürfte sich inzwischen herumgesprochen haben. Und dieser Mangel kostet Wirtschaftskraft und Einkommen. Noch problematischer ist allerdings, dass der Akademisierungswahn im Grunde zwangsläufig die Leistungsfähigkeit aller Bildungsinstitutionen nach unten zieht. Wer an

Realschulen früher zur Leistungsspitze gehörte und in Handwerksberufen exzellente Arbeit leistete, macht heute mit nicht gerade berauschenden Ergebnissen sein Abitur. Damit dürfte auch das durchschnittliche Leistungsniveau in Haupt- und Realschulen gesunken sein. Und da auch die Zahl der Hochschulabsolventen immer mehr zunimmt, gilt Vergleichbares für Universitäten und Fachhochschulen. Das Drehen an einem einzigen, sensiblen Stellrad bringt das gesamte Bildungssystem ins Rutschen. Wirtschaftlich wirkt sich dies nur Schritt für Schritt und daher zunächst kaum spürbar aus. Es ist wie bei dem Frosch, der in einem Topf schwimmt, in dem das Wasser langsam erhitzt wird. Er spürt erst keine Veränderung. Aber irgendwann ist er tot.

Der Morbus Germann oder:
Das deutsche Abitur im Chaos

Stellen Sie sich vor, Sie wären König von Deutschland und wollten ein gerechtes Schulsystem aufbauen. Sie müssten gar kein Experte sein, um sich folgenden Plan zurechtzulegen: Zunächst hätten Sie zu bestimmen, an wie vielen Tagen in der Woche die Kinder in welchem Alter zur Schule gehen sollten. Und natürlich, wie viele Stunden Unterrichts sie jeweils besuchen müssten.

Dann hätten Sie die Unterrichtsstunden auf Fächer zu verteilen. Sie würden sich also überlegen, welches Wissen und Können für alle Kinder im späteren Leben wichtig sein dürfte und wozu die einzelnen Schulabschlüsse berechtigen sollen. Je nachdem müssten sich die Stundentafeln und die Schuldauer in den einzelnen Bildungsgängen voneinander unterscheiden.

Damit alle Kinder in ganz Deutschland die gleichen Chancen haben, würden Sie logischerweise festlegen, dass sie in ihren Bildungsgängen dasselbe lernen, zum Beispiel in Mathematik. Dazu müssten Sie in allen Fächern bundesweit einheitliche Rahmenpläne in Kraft setzen, in denen die Unterrichtsinhalte festgelegt werden. Sie würden die Rahmenpläne selbstverständlich durch die besten Lehrer erarbeiten lassen. Jetzt könnten Sie sich überlegen, wie Sie zu guten Schulbüchern kommen. Entweder überlassen Sie das dem freien Markt, also den Schulbuchverlagen. Oder Sie schnappen sich einfach die besten Lehrer, die schon die Rahmenpläne erarbeitet haben, und lassen diese auch noch die Schulbücher schreiben. Dann wären Rahmenplan und

Unterrichtsmaterial aus einem Guss und in ganz Deutschland auch die Schulbücher einheitlich. Jetzt bleibt nur noch der letzte Schritt: Damit das Schulsystem wirklich gerecht ist und die Noten vergleichbar sind, würden Sie wahrscheinlich für alle Schulabschlüsse zentrale Abschlussprüfungen festlegen. Und Sie ahnen es schon: Auch die Aufgaben der Abschlussprüfungen würden am besten von denselben Lehrern erarbeitet, die schon die Rahmenpläne und die Schulbücher geschrieben haben... Alles ziemlich folgerichtig, oder? Stimmt, so einfach könnte es sein. Einfach nur mit klarem Verstand. Aber Sie ahnen es schon: So einfach ist es nicht. Was allerdings nicht daran liegt, dass die Sache selbst schwierig ist. Es liegt am institutionellen und politischen Chaos.

Bereits vor einigen Jahren erregte der pensionierte Mathematik-Lehrer Günter Germann aus Halle an der Saale große Medienaufmerksamkeit. Er hatte mühsam ausgerechnet, wie ungerecht das Abitur in Deutschland organisiert ist. Dazu konstruierte er einen realistischen Beispielfall mit einer bestimmten Fächerbelegung und Notenverteilung. Er kam damals zu dem Ergebnis, dass der von ihm ersonnene Musterschüler sein Abitur in Hamburg und Berlin mit einer Abiturnote von 2,2 bestanden hätte, in Sachsen mit einem Notendurchschnitt von 2,7 und in Bayern oder Sachsen-Anhalt mit haargenau denselben Noten nicht einmal zur Prüfung zugelassen worden wäre.[10] Plastischer konnte man die schreiende Ungerechtigkeit des deutschen Abiturs kaum auf den Punkt bringen. Immerhin können Zehntel und Hundertstel einer Abiturnote darüber entscheiden, ob ein Abiturient seinen Wunschstudiengang studieren kann oder nicht. Das Ergebnis empörte die Öffentlichkeit für eine gewisse Zeit, bewirkte aber wenig.

Wie aber kann es zu solcher Ungerechtigkeit kommen? Wir unternehmen im folgenden den Versuch, die Ursachen der Uneinheitlichkeit deutlich zu machen. Aus Gründen der Übersichtlichkeit beschränken wir uns auf eine Darstellung des bundesweit gültigen Rahmens und verzichten bewusst auf einen Blick in die Länder. Haben Sie deshalb bitte immer im Hinterkopf, dass in Wahrheit alles noch viel komplizierter und uneinheitlicher ist. Auch dann aber brauchen Sie für dieses Kapitel starke Nerven.

Die wichtigste Regelung ist die »Vereinbarung zur Gestaltung der gymnasialen Oberstufe und der Abiturprüfung«. Auf ihrer Grundlage gestalten die Länder ihr Abitur konkret aus. Ziel dieser Vereinbarung ist erklärtermaßen die »Sicherung der Vergleichbarkeit der Abiturergebnisse unter den Ländern«.[11] Das Ergebnis allerdings ist: Chaos und Ungerechtigkeit.

Zahl der Unterrichtswochenstunden und Kurse

Alles beginnt damit, dass die Länder ab der Klassenstufe fünf mindestens 265 Wochenstunden Unterrichts gewährleisten müssen, damit ihr Abitur bundesweit Anerkennung finden kann. Da das Abitur jedoch in manchen Ländern nach acht und in anderen nach neun Jahren erworben wird, ergibt sich in den Ländern auch eine unterschiedliche Anzahl von Unterrichtsstunden in den letzten beiden Schuljahren (Qualifikationsphase der gymnasialen Oberstufe). Damit, und das ist schon das erste Problem, ist es rechnerisch nicht möglich, einheitliche Stundentafeln für alle Länder festzulegen. Deshalb werden für diese Qualifikationsphase anstelle von Stunden lediglich *Kurse* vorgegeben. Kurse – das sind die in einem der vier Halbjahre der Qualifikationsphase zu belegenden Fächer. Mit diesem Trick können die Unterschiede bei der Zahl der Unterrichtsstunden wegdefiniert werden. Die Bandbreite zwischen den Ländern liegt hier nach Angaben der Kultusministerkonferenz zwischen 34 und 48 zu belegenden Kursen.

Die Abiturmaschine

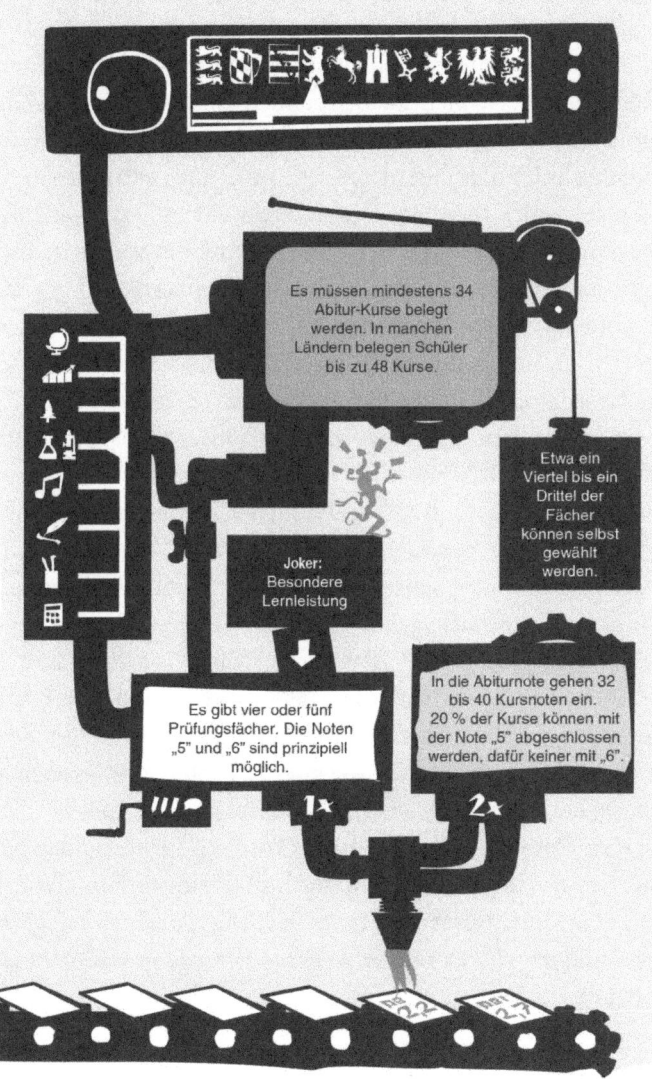

Es müssen mindestens 34 Abitur-Kurse belegt werden. In manchen Ländern belegen Schüler bis zu 48 Kurse.

Etwa ein Viertel bis ein Drittel der Fächer können selbst gewählt werden.

Joker: Besondere Lernleistung

Es gibt vier oder fünf Prüfungsfächer. Die Noten „5" und „6" sind prinzipiell möglich.

In die Abiturnote gehen 32 bis 40 Kursnoten ein. 20 % der Kurse können mit der Note „5" abgeschlossen werden, dafür keiner mit „6".

Es kann folglich keine *wirklich* verbindliche Regelung dafür geben, wie viele Fächer und Stunden in der Qualifikationsphase belegt werden müssen und mit ihren Noten in die Endnote eingehen. Geregelt ist lediglich die Mindestbelegungspflicht von 34 Kursen, darunter verpflichtend bestimmte Fächer. Je nach Umfang der tatsächlich zu belegenden und in das Abschlusszeugnis einzubringenden Kurse können Schüler somit ihre Abiturdurchschnittsnote »gestalten«. Ob sie aus taktischen Gründen besser »nur« Biologie wählen, nicht aber Physik, weil sie in ihrem Land nur eines von beiden »belegen« müssen, oder ob sie die miserablen zwei Punkte des Erdkundekurses besser gar nicht »ins Abi einbringen« – genau mit solchen Überlegungen zerbrechen sich unsere Abiturienten ihre Köpfe, und zwar desto mehr, je mehr Freiheiten ihnen die Regelungen dazu lassen. Und so kommt es, dass nicht wenige unserer Oberstufenschüler mehr Fleiß und Gehirnschmalz auf solcherlei Rechenmodelle verwenden als auf den Lernstoff fürs Abi. Und der Erfolg gibt ihnen recht. Gar nicht so selten geschieht es, dass auf diese Weise ein Schüler, der Chemie geschickt »abgewählt« und seine Punkte in einem so genannten »Laberfach« geholt hat, dann am Ende den Platz fürs Medizinstudium ergattert. Gleichzeitig geht seine kluge und fleißige Mitschülerin, die sich die ganzen vier Semester durch alle Naturwissenschaften geackert hat, leer aus – weil sie in Chemie und Physik »nur« eine gute Zwei oder schlechte Eins erreicht hat. Sie bräuchte zwar mit Sicherheit keinen Vorkurs fürs Studium, doch den Platz hat ein anderer. Das sind die verheerenden Konsequenzen aus den Regelungen der Kultusministerkonferenz, bei denen eine Unverbindlichkeit zwangsläufig die nächste nach sich zieht – und so wird es immer weiter gehen, wenn wir nicht endlich von vorne beginnen…

Anforderungsniveau

Nach der Oberstufenreform 1972 war es zunächst selbstverständlich, dass die angehenden Abiturienten in einzelnen Fächern zwischen dem Besuch eines Grund- oder Leistungskurses wählen konnten. Leistungskurse zeichnen sich dabei durch mehr Unterrichtsstunden und ein höheres Anforderungsniveau aus. Grund für diese Veränderung war vor allem der politische Wunsch, dass mehr junge Menschen das Abitur ablegen. Durch die frühzeitige Spezialisierung wurde also nicht nur die Idee der Allgemeinbildung aufgeweicht, sondern im Grunde schon politisch eingestanden, dass nicht mehr alle Abiturienten das einst vorgesehene Niveau erreichen. Einige Bundesländer haben zwar zwischenzeitlich Grund- und Leistungskurse abgeschafft (und sie zum Teil nach ihrer Abschaffung wieder eingeführt). An der Vorgabe, dass bestimmte Fächer auf grundlegendem und andere auf erhöhtem Anforderungsniveau zu unterrichten und durch die Schüler zu belegen sind, änderte eine Abschaffung aber nichts. Das hat Folgen: In einem Mathematik-Kurs, in dem die besten Schüler gemeinsam mit denjenigen unterrichtet werden, die nur irgendwie durchkommen wollen, wird auch der beste Lehrer nicht die gleichen Fortschritte bei seinen Schülern erreichen wie in einem Leistungskurs, in dem sich die 14 Matheasse der Schule versammelt haben. Bei bundesweit vergleichbaren Prüfungen auf erhöhtem Anforderungsniveau haben Schüler aus Leistungskursen somit vermutlich bessere Voraussetzungen.

Dennoch trifft die Kultusministerkonferenz im Bereich des Anforderungsniveaus des Unterrichts keine wirklich vereinheitlichende Regelung. Stattdessen wird, Sie ahnen es schon, mit »Korridoren« gearbeitet. Von jedem Schüler müssen »zwei bis vier« Fächer auf erhöhtem Anforderungsniveau belegt werden. Wie viele es konkret sind, entscheidet jedes Land und teilweise der Schüler selbst. Sieht ein Land Belegungspflichten für nur zwei Fächer auf erhöhtem Anforderungsniveau vor, müssen diese Fächer wöchentlich *mindestens* fünf Stunden unterrichtet werden. Bestehen Belegungspflichten für drei oder vier Fächer, müssen *mindestens* vier Wochenstunden je Fach unterrichtet werden.

Auch diese Unbestimmtheit hat Konsequenzen für Fragen der Gerechtigkeit. Natürlich hat man es bei vergleichbarem Unterrichts- und Prüfungsniveau leichter, wenn man zum Beispiel mit Mathematik und Deutsch nur zwei Fächer auf erhöhtem Anforderungsniveau belegen muss. Ob außerdem in einem Mathematik-Kurs wöchentlich vier oder fünf Stunden unterrichtet werden, macht immerhin einen Unterschied von ungefähr 80 Unterrichtsstunden in zwei Schuljahren aus. Und wer mehr Zeit zum Lernen hat, lernt auch mehr.

Fächer auf erhöhtem Anforderungsniveau können aber nur belegt werden, wenn die betreffende Schule sie überhaupt anbietet. Es sind also nicht nur die Länder und Schüler, es ist auch die jeweilige Schule, die darüber entscheidet, mit welcher Art profilierter Hochschulreife Schüler sie verlassen können. Das hat bei weitem nicht nur mit schulischer Profilbildung, sondern vielfach eher mit der Schulgröße und dem vorhandenen Lehrpersonal zu tun.

Kernfächer (»basale Fächer«)

Obwohl die Kultusministerkonferenz zur Sicherung der Studierfähigkeit feststellt, dass »vertiefte Kenntnisse, Fähigkeiten und Fertigkeiten in den basalen Fächern Deutsch, Fremdsprache und Mathematik«[12] unverzichtbar seien, löst sie diesen Anspruch nicht ein. Zwar müssen alle drei Fächer mindestens dreistündig belegt werden, aber nur eines der genannten Fächer *oder* eine Naturwissenschaft auf erhöhtem Anforderungsniveau. Mit anderen Worten: Obwohl die Fächer Deutsch, Mathematik und Fremdsprache als für die Vorbereitung auf das Studium besonders bedeutsam gelten, kann man mit der Wahl eines Faches wie Biologie dem erhöhten Anforderungsniveau der »basalen Fächer« vollständig entfliehen.

Werden diese »basalen Fächer« auf grundlegendem Anforderungsniveau unterrichtet, können die Länder zwischen drei oder vier Unterrichtswochenstunden wählen. Auch hier machen 80 Unterrichtsstunden einen bedeutenden Unterschied. Für alle weiteren Fächer auf grundlegendem Niveau bestimmt die Kultusministerkonferenz einen Korridor von zwei bis drei Stunden. Ein kurzer Blick in die konkreten Länderregelungen offenbart einen bunten Strauß an Kombinationsmöglichkeiten. Damit verschonen wir Sie aber.

Einbringungspflichten

Richtig kurios wird es dann bei den Festlegungen, welche Leistungen aus den vier Halbjahren vor der Abschlussprüfung in die Abiturnote eingehen. Sie machen immerhin zwei Drittel der Abiturnote aus. Von der Kultusministerkonferenz wird lediglich vorgegeben, dass aus der sogenannten Qualifikationsphase 32 bis 40 Schulhalbjahresergebnisse eingebracht werden müssen. Wie viele es sind und welche, darüber entscheiden die Länder und mitunter die Schüler selbst. Zudem gibt es noch Facharbeiten, besondere Lernleistungen oder wie das auch immer im einzelnen Land heißt… Immer handelt es sich um Leistungen, die Kurse ersetzen können. Mit anderen Worten: Konstruktionen zur Tilgung schlechter Fachnoten. Ob www.google.de oder ein guter Freund an der Arbeit mitgeschrieben hat, ist außerdem nicht zu überprüfen.

Die Folge ist klar: Schüler, die nur 32 Schulhalbjahresergebnisse einbringen müssen, haben es tendenziell leichter, sich eine gute Abiturnote zusammenzubasteln. Sie können sich auf weniger notenrelevante Fächer konzentrieren und haben in der Regel größere Wahlmöglichkeiten als Schüler, die 40 Ergebnisse einbringen müssen. Für die einzubringenden Noten können Sie sich dabei folgende Faustformel merken: Im großzügigsten Falle sind etwa ein Drittel der einzubringenden Noten vorgeschrieben, bei einem Drittel gibt es gebundene Wahlmöglichkeiten und bei einem Drittel besteht komplette Auswahlfreiheit. Beste Bedingungen also für das Gesellschaftsspiel »Deutschland bastelt sich den Super-Abidurchschnitt«.

Dieses Spiel wird noch unterhaltsamer dadurch, dass die Kursnoten von bis zu zwei Abiturprüfungsfächern auf erhöhtem Niveau doppelt gewichtet werden können. Schon deshalb ist in Deutschland nicht abgesichert, dass Abiturienten verschiedener Länder mit derselben Fächerbelegung, derselben Leistung und denselben Noten auch den gleichen Abiturdurchschnitt haben. Wir nennen das den *Morbus Germann*.

Wenn Sie bis hierher noch nicht den Überblick verloren haben, möchten wir Ihnen recht herzlich gratulieren. Falls doch, ist das auch nicht so schlimm. Es geht uns gar nicht darum, dass Sie in Gänze verstehen, wie das deutsche Abitur funktioniert, sondern wie chaotisch und ungerecht es organisiert ist. Halten Sie also bitte noch ein wenig durch!

Abschlussprüfungen

»Bandbreiten« und »Korridore« gibt es schließlich – alles andere wäre überraschend – auch bei den Vorgaben für Abschlussprüfungen selbst. Und zwar in Hülle und Fülle. So können die

Länder die Prüfung in vier oder fünf Fächern abhalten. Hierbei muss es mindestens drei schriftliche und eine mündliche Prüfung geben. Unter den Prüfungsfächern müssen sich mindestens zwei Fächer befinden, die auf erhöhtem Anforderungsniveau unterrichtet wurden und zwei der drei Fächer Deutsch, Fremdsprache und Mathematik. Auch hier haben es also die Schüler des einen Landes bei der Prüfung aufgrund eines geringeren Aufwandes leichter als die anderen. Außerdem besteht für die Schüler die Möglichkeit, durch eine »besondere Lernleistung« wie zum Beispiel eine Jahresarbeit entweder freiwillig eine fünfte Prüfung abzulegen oder, falls ohnehin fünf Prüfungen vorgeschrieben sind, dadurch eine der Prüfungsleistungen zu ersetzen. Mit anderen Worten: die Abschlussnote aufzupolieren.

Die Gestaltungsmöglichkeiten für die Länder beziehen sich ebenso auf die Dauer der schriftlichen Prüfungen. Für die Fächer Deutsch, Mathematik, Englisch und Französisch wurden dabei Festlegungen getroffen, die immerhin in die Nähe einer gewissen Verbindlichkeit kommen; je nach Fach, Anforderungsniveau und enthaltenen Aufgabentypen dürfen die Prüfungen zwischen 210 und 315 Minuten lang sein. Doch uneinheitlich wird es wieder dadurch, dass die Länder von diesen Prüfungszeiten um bis zu 45 Minuten nach oben abweichen dürfen, um ihren Schülern eine »Auswahlzeit«, also Zeit für die Auswahl der Wahlaufgaben, zu gewähren. Das ist besonders pikant, weil doch in diesen Fächern alle Länder aufgefordert sind, sich für ihre Prüfungen aus dem zentralen Aufgabenpool des »Instituts zur Qualitätsentwicklung im Bildungswesen« (IQB) zu bedienen. Es liegen ja für alle Länder angeblich Aufgaben mit gleichem Schwierigkeitsgrad bereit! Was also soll das für eine Aufgabenauswahl sein, die einen Bonus von bis zu einer Dreiviertelstunde Arbeitszeit rechtfertigt? Denn dass es bei vergleichbarem Prüfungsniveau einen großen Unterschied macht, ob die Schüler mehr oder weniger Zeit für die Lösung der Aufgaben haben, liegt ja auf der Hand.

Für alle anderen Fächer konnte man sich offensichtlich von Beginn an nur auf Korridore verständigen; und je nach eigener Tradition dürfen die Länder von den Mindestzeiten in der schriftlichen Abiturprüfung sogar um bis zu 120 Minuten abweichen! Das macht aber nichts – es sind ohnehin nur *landeseigene* Prüfungsaufgaben, die hier zum Einsatz kommen. Die sind von vornherein nicht vergleichbar. Was stören da schon noch vollkommen unterschiedliche Bearbeitungszeiten?

Benotung

Selbstverständlich ist für die Ermittlung der Abiturnote das System der Benotung entscheidend. In der Qualifikationsphase wird nach dem Punktesystem benotet. Die herkömmlichen Noten Eins bis Sechs wurden hierzu in die Punktewerte 0 bis 15 übertragen. Der Vorteil hiervon ist, dass nun jede Notenstufe auch mathematisch differenzierter erfasst werden kann. Aus der Note Eins werden so die Punktwerte 15, 14 und 13, was einer besonders guten Eins (1+), einer glatten Eins (1) sowie einer nicht ganz so guten Eins (1-) entspricht.

Entscheidend ist die Frage der Benotung unter Gerechtigkeitsaspekten allerdings aus einem anderen Grund: Würden in allen Ländern zwar dieselben Abschlussprüfungen geschrieben, diese aber nicht nach denselben Maßstäben bewertet, wären die Noten wieder nicht vergleichbar. Deshalb hat die Kultusministerkonferenz ein entsprechendes Bewertungsraster für die Abiturprüfungen vereinbart, in dem festgelegt wird, bei wieviel Prozent der zu erbringenden Leistungen welcher Punktwert, also welche Note, vergeben wird. Eine Eins erhält man bereits bei 85 Prozent der Leistung und eine Sechs bei weniger als 20 Prozent.

Wo liegt also das Problem? Dieses Bewertungsraster gilt bei der Abschlussprüfung nur für die vier (!) Fächer mit Bildungsstandards, also Deutsch, Französisch, Englisch und Mathematik – und nicht einmal das wird bisher von allen Ländern eingehalten. Für alle anderen Fächer gibt es eine solche Vorgabe nicht. Und selbst wenn es sie gäbe, hätten wir ein Problem: Die Abiturprüfung entscheidet nur zu einem Drittel über die Abiturnote, zu zwei Dritteln jedoch die aus den letzten vier Schulhalbjahren einzubringenden Noten. Für diese gibt es ebenfalls keine bundesweite Vorgabe, in vielen Ländern nicht einmal eine landeseinheitliche Regelung. Summa summarum unterliegen die Abiturnoten der Schüler zu deutlich weniger als einem Drittel bundesweit einheitlichen Benotungsregeln.

Umfang schlechter Noten

Damit sich Schüler zur Abiturprüfung anmelden können, müssen sie einerseits bestimmte Kurse besucht haben. Außerdem dürfen sie aber nur in einer bestimmten Anzahl von Fächern schlechte Noten einbringen. Die entsprechende Regelung sieht vor, dass »unter den eingebrachten Schulhalbjahresergebnissen höchstens 20 Prozent mit weniger als 5 Punkten« bewertet sein dürfen und »kein Ergebnis mit 0 Punkten«.[13] Folglich darf in keinem Kurs die Note Sechs eingebracht werden. Da fünf Punkte der klassischen Note Vier entsprechen, können im Falle von 32 eingebrachten Kursen sechs und bei 40 Kursen somit ganze acht Noten einer klassischen Fünf entsprechen.

Und auch die Regelungen für die Abiturprüfungen sind milde. In bis zu zwei Fächern darf die Prüfung schlechter bewertet werden als mit der klassischen Note Vier. Um ganz anschaulich zu machen, was das bedeutet: Wenn Sie Ihre Fächer geschickt gewählt haben und die Noten richtig kombinieren, können Sie in den »basalen Fächern« Mathematik und Deutsch in den letzten vier Schulhalbjahren lauter Fünfen und in der Abiturprüfung sogar glatte Sechsen schreiben und bestehen trotzdem das Abitur. Das erinnert eher an ein Sudoku als an eine Reifeprüfung. Wem Sudokus zu schwer sind, kann übrigens für 99 Cent eine App aus dem Internet herunterladen, mit der sich Fächerbelegung und Abiturnote komfortabel planen lassen.

Wir vermuten, dass Sie inzwischen einigermaßen verwirrt sind. Aber es geht noch weiter. Denn die Länder dürfen von einzelnen Punkten der vorgestellten Regelungen nicht nur Ausnahmen zulassen. Sie können auch noch an vielen anderen Punkten auseinanderdriften. Die wichtigsten möchten wir wenigstens kurz benennen: Es gibt unterschiedliche Regelungen zur Klassenwiederholung und Versetzung, zu den Stundentafeln, zum Umfang der zu schreibenden Klausuren und Klassenarbeiten, zu freiwilligen und verpflichtenden ergänzenden mündlichen Prüfungen im Abitur, zu landesweit zentral und trotz Länderzentralabiturs dezentral gestellten Abiturprüfungsaufgaben, welche Hilfsmittel in der Abiturprüfung verwendet werden dürfen, ob der Prüfling sich sein mündliches Prüfungsthema selbst wählen darf oder nicht, zur Möglichkeit der mündlichen Gruppenprüfung im Abitur, wie umfangreich und konkret »Schwerpunktthemenerlasse« oder »Vorabhinweise« der Ministerien vor einer Abiturprüfung ausfallen und wie leicht es einem Lehrer daher gemacht wird, seine Schäfchen gezielt auf die Prüfung vorzubereiten... Außerdem gibt es Abendgymnasien, Gesamtschulen, Ersatzschulen, Waldorfschulen, berufliche Gymnasien, Kollegs, Nichtschülerprüfungen, die Fachhochschulreife ... – und für all diese Fälle wiederum ländereigene Regelungen.

Fassen wir es in einfachen Worten kurz zusammen: Es herrscht Chaos. Was wir Ihnen hier vorgestellt haben, ist übrigens der Stand der Dinge, *nachdem* im Jahre 2016 unter Federführung des Landes Mecklenburg-Vorpommern durch die Kultusminister-konferenz Schritte hin zur Vereinheitlichung der Regelungen für das Abitur beschlossen worden waren. Zuvor, also zu Zeiten von Germanns Rechnung, war alles noch viel schlimmer. Diese 2016 beschlossenen Korridore (im Sinne von vorgegebenen Begren-zungen) waren ein wichtiger Schritt, der ganz sicher nur mit erheblicher Anstrengung erreichbar war. Gerade das allerdings frustriert noch mehr: Trotz riesigen Aufwandes in Politik und Ver-waltung kroch die Landschildkröte[14] wieder einmal nur wenige Zentimeter vorwärts. Mit anderen Worten: Germann hätte heute nicht viel weniger zu tun. Und das, nota bene, obwohl wir hier noch nicht von der pädagogischen Freiheit von Lehrpersonen bei der Benotung reden. Dabei ist eine gewisse Subjektivität ohnehin nicht auszuschließen. Wir reden hier allein von der *strukturell angelegten* Vielfalt und damit Ungerechtigkeit. Man könnte dem allerdings auch einen treffenderen Namen geben, nämlich: Wild-wuchs. Denn das ist die Wurzel des »Morbus Germann«.

Bildungsföderalismus –
70 Jahre Scheitern

Die Frage ist nun: Wie konnte es zu einem solchen Wildwuchs kommen? Die einfache Antwort darauf ist: Weil Bildung im Föderalismus Ländersache ist.

Der Bildungsföderalismus als Versicherungspolice

Die heutige staatliche Ordnung der Bundesrepublik Deutschland basiert auf dem Grundgesetz, das im Jahre 1949 in Kraft trat. Sie trägt dem Grundgedanken einer föderalen Ordnung Rechnung. Das heißt: Für zentrale Politikbereiche ist nicht der Bund, sondern sind die Länder zuständig. Die Mütter und Väter des Grundgesetzes setzten damit eine Tradition fort, die sich in Deutschland bereits im Heiligen Römischen Reich Deutscher Nation, im Deutschen Bund, im Kaiserreich und in der Weimarer Republik entwickelt hatte.

Für den Bildungs- und Kulturföderalismus werden zumeist die folgenden drei Gründe vorgebracht:

Lebensversicherung für die Demokratie

Bis heute wird der Föderalismus vor allem mit den Erfahrungen des Nationalsozialismus begründet:»Die Mitglieder des Parlamentarischen Rates, die 1948/49 die Verfassungsordnung des Grundgesetzes ausarbeiteten, haben nicht nur in Fortführung einer staats-rechtlichen Tradition, sondern in bewusster Abkehr vom national-sozialistischen Zentralstaat (1933 – 1945) in der neu gegründeten Bundesrepublik Deutschland eine föderative Ordnung geschaffen und dabei insbesondere das Schulwesen wieder in die Kompetenz der Länder gegeben.«[15] Nach der Rechsprechung des Bundesver-fassungsgerichtes gilt der Kulturföderalismus, »besonders aber die Hoheit auf dem Gebiete des Schulwesens« daher auch als »Kern-stück der Eigenstaatlichkeit der Länder«.[16] Hierauf berufen sich die Bildungspolitiker der Länder besonders gerne, um sich gegen eine stärkere Vereinheitlichung des Bildungswesens in Deutschland zu wehren. Der Bildungsföderalismus wird hier als eine Art Lebens-versicherung für die Demokratie inszeniert.

Versicherung gegen Gleichmacherei

Deutschland ist mit etwa 80 Millionen Einwohnern und seiner Fläche eines der größten Länder der europäischen Union. Je größer ein Land ist, desto schwieriger, so heißt es, sei auch eine zentralstaatliche Organisationsform. Das hänge schlicht mit sehr unterschiedlichen Lebensbedingungen in allen Bundesländern zusammen. Diese Unterschiedlichkeit erstrecke sich in Deutsch-land auch auf die Traditions- und Kulturbestände. Wer diese Viel-falt angemessen pflegen und erhalten wolle, so die Befürworter des Kulturföderalismus, müsse diese Vielgestaltigkeit der Lebens-wirklichkeit auch in einer ihr angemessenen staatlichen Orga-nisationsform abbilden. Ein Zentralstaat bringe demnach die Gefahr mit sich, die kulturellen Unterschiede innerhalb Deutsch-lands zu beseitigen. Der Bildungsföderalismus ist hier die Ver-sicherung gegen die »Gleichschaltung« der kulturellen und regio-nalen Vielfalt.

Unfallversicherung der Länder

Schließlich wird häufig zugunsten des Föderalismus in der Bildung das Argument vorgebracht, dass die Bundesländer dadurch einen Wettbewerb um die besten Bildungskonzepte austragen könnten. Erfolgreiche Strategien, die in dem einen Land ausprobiert würden, könnten dann auf alle Länder übertragen werden. Der Bildungsföderalismus wird hier als Wettbewerb experimenteller Bildungslabore verstanden. Und umgekehrt: Scheitere ein Land mit einer Bildungsreform, sei durch dieses Scheitern nicht die gesamte Bundesrepublik betroffen. Die ländereigenen Bildungslabore versichern sich durch die föderalistische Struktur gleichsam selbst gegen einen zentralistischen Super-GAU.

Wie die Öffentlichkeit über den Bildungsföderalismus denkt

Diesen Standardargumenten für den Bildungsföderalismus steht die öffentliche Meinung klar ablehnend gegenüber. Das wird in zahlreichen Studien und Umfragen deutlich, von denen wir hier nur einige knapp vorstellen.

So gab die Zeitschrift »Eltern« im Jahr 2009 eine repräsentative Umfrage beim Meinungsforschungsinstitut Forsa in Auftrag. Gefragt wurde seinerzeit auch, ob das Bildungssystem von Bundesland zu Bundesland zu unterschiedlich sei und dringend vereinheitlicht werden müsse. Das bejahten 91 Prozent aller Befragten.[17]

Im Jahr 2011 führte eine gemeinsame Initiative von Roland Berger Strategy Consultants, der Bertelsmann Stiftung, BILD und Hürriyet eine online-Umfrage zum Thema Bildung durch, an der insgesamt rund 480.000 Personen teilnahmen. Auch in dieser Umfrage spielte die Frage nach einem einheitlicheren Bildungssystem eine zentrale Rolle – mit einem nahezu erdrückenden Befund: 92 Prozent aller Befragten klagten darüber, dass sich der schulische Lernstoff zwischen den Bundesländern unterscheidet. Ebenfalls 92 Prozent forderten, dass schulische Abschlussprüfungen »in allen Bundesländern einheitlich« sein sollten.[18]

Ähnlich sind die Ergebnisse des ifo-Bildungsbarometers der Jahre 2014 und 2015. In beiden Untersuchungen wurden jeweils mehr als 4.000 Bürgerinnen und Bürger befragt. Auch hier ist das Ergebnis überwältigend eindeutig: Mehr als 80 Prozent der Befragten sprachen sich für die Einführung bundesweit einheitlicher Abschlussprüfungen in allen Schularten aus.[19] Und auch jüngste Umfragen bestätigen diesen Befund.[20]

Die Wissenschaft als Gummimauer des Bildungsföderalismus

Aber nicht nur der Bildungsföderalismus selbst ist ein Problem. Um ihn herum hat sich eine Mauer aus Gummi gebildet, gegen die jeder nahezu folgenlos anrennt, der gemeinsam mit der übergroßen Mehrheit der Bevölkerung für ein deutschlandweit einheitliches und gerechtes Bildungssystem argumentiert. Diese Gummimauer besteht aus Positionen, die zwar vordergründig mit einstimmen in den Chor der Kritiker, vor notwendigen politischen Konsequenzen aber zurückschrecken.

Ein besonders eindrückliches Beispiel hierfür liefert eine der bedeutendsten Sozialforscherinnen der Bundesrepublik Deutschland, Jutta Allmendinger. In ihrem vielbeachteten Buch »Schulaufgaben« widmet sie der Kritik am Bildungsföderalismus ein ganzes Kapitel. Überschriften wie »Kleinstaaterei verhindert Bildungsrepublik« oder »Der deutsche Bildungsföderalismus verstößt gegen das Gebot gleichwertiger Lebensverhältnisse« lassen eine grundsätzliche Kritik am Bildungsföderalismus erwarten. Doch diese Hoffnung wird schnell enttäuscht. Denn schon bevor sie zu ihrer »Kritik« ausholt, stellt sie unmissverständlich klar: »Für eine nationale Bildungsstrategie zu sein, heißt nicht, Inhalte, Unterrichtsziele und Unterrichtsstile national gleichzuschalten und zu normieren. Im Gegenteil. Eine nationale Bildungsstrategie lebt von Vielfalt, von der passgenauen, direkten und persönlichen Wissensvermittlung, die dem einzelnen Kind gerecht wird.«[21] Folglich soll bei der Zuständigkeit der Länder für Bildungsfragen alles so bleiben, wie es heute ist. Allmendingers Antwort auf die Misere des uneinheitlichen und ungerechten deutschen Schulsystems besteht stattdessen in Zweierlei: Erstens wünscht sie sich die Errichtung eines Bildungsrates, in dem neben Politik und Verwaltung auch endlich die Wissenschaft vertreten ist. Also noch eine Arbeitsgruppe. Zweitens fordert sie für die Schulen schlicht ein Mehr an Selbständigkeit: »Wenn also über eine Kompetenzverlagerung nachgedacht wird, dann sollte sie hin zu den Gemeinden und Schulen erfolgen. Schulautonomie ist heute bereits Teil der bildungspolitischen Agenda.«[22]

Diese Schlussfolgerung ist paradox. Allmendinger beklagt die Folgen der Kleinstaaterei im Bildungswesen. Doch die soll behoben werden, indem sogar den Einzelschulen maximale Autonomie gegeben wird? Man kann es drehen und wenden, wie man will: Schulabschlüsse werden niemals dadurch vergleichbar gemacht, dass man die Verantwortung für die Bildungsinhalte von den Ländern sogar noch auf die Schulen überträgt. Es ist und bleibt rätselhaft, wie Allmendinger diese beiden Gedanken miteinander verbinden zu können meint und was die Motive hinter einer so absurden Schlussfolgerung sind.

Neben Jutta Allmendinger liest sich der Chor der angeblichen Kritiker wie ein Who's Who der deutschen Bildungsforschung. So erkennt zum Beispiel Jürgen Oelkers in seiner Untersuchung für die Deutsche Telekom alle Schwierigkeiten des Föderalismus sehr genau, spricht sich aber gegen »eine zentrale Lenkung der Bildungspolitik durch den Bund«[23] aus. Und schlussendlich sei das Positionspapier »Bildungsföderalismus mit Zukunft« angeführt, das die Ansichten zahlreicher führender deutscher Bildungsforscher zusammenfasst. Nach einer messerscharfen Analyse der Fehlentwicklungen wird darin beteuert, dass es nicht um ein deutschlandweit einheitliches Bildungssystem gehen dürfe, sondern um die inhaltliche Stärkung des föderalen Systems.[24] Realisiert werden soll das ebenfalls durch einen Nationalen Bildungsrat, besetzt mit namhaften Wissenschaftlern. Die Reihe der Autoren ist lang und enthält einflussreiche Wissenschaftler, darunter Manfred Prenzel, nationaler Manager der PISA-Studien 2003/2006 und Petra Stanat, Leiterin des erwähnten IQB.

Wir haben es im Bereich der Bildung daher mit einer bemerkenswerten Situation zu tun: Während sich die übergroße Mehrheit der Bevölkerung ein gerechtes Bildungssystem mit vergleichbaren Bildungs- und Prüfungsstandards wünscht, weigert sich die Politik seit Jahrzehnten, diesem Wunsch nachzukommen. Und eine nennenswerte Anzahl von namhaften Wissenschaftlern stellt sich zwischen diese beiden Lager wie eine Gummimauer, an der die öffentliche Meinung abprallt. Ob gewollt oder nicht: Vernünftige Reformen im Bildungssystem werden auf diese Art und Weise verhindert.

Die Kultusministerkonferenz als Knautschzone des Bildungsföderalismus

Die mächtigste Fangemeinde des Bildungsföderalismus jedoch versammelt sich in der Kultusministerkonferenz (Ständige Konferenz der Kultusminister, kurz KMK). Die Kultusministerkonferenz ist das Gremium, das die Zusammenarbeit der Länder im Bildungsföderalismus organisieren und für das »notwendige Maß«[25] an Gemeinsamkeit in Bildung und Wissenschaft sorgen soll. Im Bereich Bildung geht es dabei insbesondere darum, die Vergleichbarkeit von Abschlüssen zu gewährleisten und auf eine Sicherung von Qualitätsstandards in Schule, Berufsbildung und Hochschule hinzuwirken.

Die zwangsläufige und auch gewollte Folge des Bildungsföderalismus ist *Vielfalt*. Durch den freiwilligen Zusammenschluss der Bildungsminister aller Länder soll diese Vielfalt wieder *vereinigt* werden. Das Motto ist Programm: »Einheit in Vielfalt«. Dass dies in der Praxis zu Problemen führen muss, kann nicht überraschen. Aus diesem Grund flammen seit Jahrzehnten immer wieder öffentliche Diskussionen über die Ungerechtigkeiten im deutschen Schulsystem auf. Die Kultusministerkonferenz wird so regelmäßig zum Prügelknaben der Nation. Der eigentliche Vater aller Probleme allerdings, der Bildungsföderalismus, gerät dabei aus dem Blick. Kurz: Die Kultusministerkonferenz ist nichts anderes als die *Knautschzone des Bildungsföderalismus*.

Der Vergleich ist nicht übertrieben, denn die Zusammenarbeit des Gremiums gestaltet sich immens schwierig. Immerhin sitzen hier neben dem Bund die Vertreter von 16 Ländern mit dem obersten Ziel, ihre Kulturhoheit zu bewahren. So müssen in langatmigen Diskussionen Kompromisse ausgehandelt werden, denn jedes der Länder beharrt auf dem größtmöglichen Freiraum für die Gestaltung seines Systems.

Die Kultusministerkonferenz ist lediglich ein Koordinationsgremium und hat keinerlei Befugnisse zur Rechtsetzung. Ihre Beschlüsse sind rechtlich nicht bindend. Gerade weil es den Bildungsföderalismus gibt, können Rechtsetzungen nur durch die Ministerien der Länder oder die Länderparlamente erfolgen. Verstößt ein Land also gegen die Beschlüsse der Kultusministerkonferenz, bleibt dies rechtlich völlig folgenlos. Jedes der Länder hat eine Stimme, und wesentliche Beschlüsse müssen einstimmig getroffen werden. Es ist leicht vorstellbar, wie zäh sich unter diesen Voraussetzungen Prozesse gestalten müssen. Nur folgerichtig steht es um den Ruf der Kultusministerkonferenz nicht zum Besten. Für die Öffentlichkeit ist es oft nicht mehr nachvollziehbar, dass Länder ihre Interessen über das stellen, was man gesamtstaatliche Verantwortung nennen könnte. Und das seit nunmehr 70 Jahren!

Das große Durcheinander begann bereits kurz nach dem Zweiten Weltkrieg: In der Bundesrepublik kamen die Verschiedenartigkeiten der Länder aus der Zeit des Kaiserreiches und der Weimarer Republik zusammen, die nur in der Phase nationalsozialistischer Herrschaft vereinheitlicht waren. Hinzu kamen die Einflüsse der Besatzungsmächte, die in sehr unterschiedlichem Maße versuchten, das deutsche Schulsystem im Wiederaufbau zu prägen.

So bildete sich bereits 1948 eine Gruppierung, die noch im Geburtsjahr der Bundesrepublik zur heutigen Kultusministerkonferenz werden sollte. Aus zwei Gründen wurde die Schaffung dieses Gremiums nötig: Zum einen ging es darum, die Unterschiede im Schulwesen der Länder zu begrenzen. So fanden sich bereits auf den Tagesordnungen der ersten Sitzungen die Themen wieder, von denen wir bereits gehört haben: Gesamtschuldauer, Anerkennung der Prüfungen und Zeugnisse, Gestaltung der Lehrpläne... Zum anderen ging es schon damals um den Schutz der Kulturhoheit der Länder. Allen Bestrebungen des Bundes, sich in Bildungsfragen einzumischen, sollte entschieden entgegengetreten werden. Die Bevölkerung allerdings sah die »Zersplitterung« des Bildungswesens schon damals kritisch. Bereits in den frühen 1950ern regten sich erste Zweifel, ob die Kultusministerkonferenz überhaupt in der Lage ist, in der Vielfalt eine Einheit herzustellen. Diesen frühen Zweifeln folgten kaum Konsequenzen, allerdings blieb die Diskussion um die Erweiterung der Kompetenzen des Bundes in der Geschichte der Kultusministerkonferenz mehr oder weniger intensiv immer gegenwärtig.[26]

Das Abitur als Selbstbedienungsladen

Ab den 1950er Jahren wurden in einer losen Folge Regelungen für die gymnasiale Oberstufe beschlossen. Es ging um die grundlegenden Bestimmungen zu den Organisationsformen der Gymnasien sowie die Anerkennung der Prüfungen. In den folgenden 1960er Jahren lief die Entwicklung der gymnasialen Oberstufe weg von einem festen Kanon an Fächern hin zu einer eher schwerpunktbezogenen Bildung durch Wahlpflichtfächer. Da die Abiturientenzahlen im internationalen Vergleich als viel zu niedrig galten, geriet nun die Mobilisierung von Begabungsreserven in den Fokus. In diese Jahre fiel auch die Geburtsstunde einer Figur, die das deutsche Bildungssystem für die nächsten Jahrzehnte fest im Würgegriff halten sollte: die vierfach benachteiligte katholische Arbeitertochter vom Lande.[27]

Allgemeine Grundbildung bei gleichzeitiger individueller Spezialisierung, »Wissenschaftsorientierung« und ein Zuwachs an Abiturienten – all dies sollte eine Umgestaltung der gymnasialen Oberstufe bewirken. Verabschiedet wurde sie im Jahr 1972 als Bonner Vereinbarung, bekannt als *Oberstufenreform*. Diese Oberstufenreform kann als einer der größten Einschnitte in die Entwicklung der gymnasialen Oberstufe bezeichnet werden. Wenn wir uns im Folgenden die Neuerungen anschauen, wird Ihnen Vieles bekannt vorkommen. Das liegt daran, dass diese Vereinbarung die Basis vieler bis heute ungelöster Probleme ist.

Blicken wir kurz auf die Grundzüge: An die Stelle der gymnasialen Grundtypen mit relativ feststehendem Fächerkanon und

Unterricht im festen Klassenverband trat nun das Kurssystem. Es sollte Oberstufenschülern große Wahlfreiheiten und damit die Möglichkeit individueller Schwerpunktsetzungen geben. Festgelegt wurden dabei drei sogenannte Aufgabenfelder: das sprachlich-literarisch-künstlerische, das gesellschaftswissenschaftliche sowie das mathematisch-naturwissenschaftlich-technische. Innerhalb dieser Bereiche waren die Fächer relativ frei wählbar. Neu war ebenso die Einführung unterschiedlicher Anforderungsniveaus. Nach Neigung, Begabung oder Leistung konnten fortan zur individuellen Schwerpunktsetzung sogenannte »Leistungsfächer« gewählt werden. Die individuell verschiedene Fächerwahl wurde in einem komplizierten System aus Grund- und Leistungskursen verwirklicht. Neu festgelegt wurde ebenso, dass in die Abiturnote nun auch Leistungen der Qualifikationsphase Eingang fanden, der Anteil der Prüfungen selbst schrumpfte auf ein Drittel.[28] Die Bewertung erfolgte mittels der bis heute geltenden 15-Punkte-Skala.

Die Oberstufenreform war von Anfang an nicht unumstritten. Lehrer, Eltern und Schüler bemängelten insbesondere die nunmehr stark bürokratisierte und komplizierte Organisation der Oberstufe. Das größte Problem rief jedoch das System selbst hervor. Die »Mobilisierung von Begabungsreserven« hatte inzwischen zu einem massiven Anstieg der Studentenzahlen geführt – von etwa 300.000 Mitte der 1960er auf fast 800.000 zehn Jahre später. Damit musste die Vergabe von Studienplätzen neu geregelt und in den begehrten Fächern vom Notendurchschnitt abhängig gemacht werden. Gerade diese widersprüchliche Kombination von Wahlfreiheit und gleichzeitiger Aufwertung der Abiturnote als Kriterium für das Wahlstudium brachte Hochschulen und Wirtschaft auf den Plan: Die Wahlmöglichkeiten seien viel zu weitgehend und führten zu Beliebigkeit. Von einer einheitlichen gymnasialen Grundbildung, so die Kritik, könne de facto keine Rede mehr sein.[29]

Die Kritik an den Folgen der Oberstufenreform gipfelte 1978 in einem Mängelbericht der Bundesregierung: Die Bemühungen der Länder um Einheitlichkeit wurden als vollkommen unzureichend kritisiert. Ausdrücklich forderte der Bund für sich eine Übertragung der Gesetzgebungszuständigkeit: »Die von diesen Entscheidungen in erster Linie Betroffenen – die Schüler, Auszubildenden und Studenten, die Eltern und Lehrer – erwarten zu Recht, daß auch in einem Bundesstaat ein Mindestmaß an notwendiger Einheitlichkeit im Bildungswesen als Voraussetzung für Freizügigkeit, Mobilität und Chancengleichheit im Bildungswesen und Beschäftigungssystem gesichert wird.«[30] Die Bundesebene war vor 40 Jahren also schon einmal etwas konsequenter. Während einige Länder diese Initiative begrüßten, machte die Kultusministerkonferenz in ihrer Stellungnahme unmissverständlich deutlich, dass die Kulturhoheit der Länder im Grundgesetz festgeschrieben sei – und auch bleiben solle. Und so geht die Geschichte immer weiter: Der Bund moniert mangelnde Vergleichbarkeit und damit ungleiche Chancen für seine Bürger, die Kultusministerkonferenz hält unbeirrt an der Kulturhoheit fest.

Zentralabitur – Ein bildungspolitischer Evergreen

Gerade Gleichwertigkeit und Vergleichbarkeit der Abiturleistungen sind der Zankapfel zwischen Bund und Ländern. Aus diesem Grund tönt seit Jahrzehnten immer wieder der Ruf nach einem »Zentralabitur« durch die Lande und dringt bisweilen auch bis zur Kultusministerkonferenz vor. Im Kern meint Zentralabitur ein Instrument zur Sicherung einheitlicher Leistungsanforderungen. Neben diesem Kern allerdings ist »Zentralabitur« ein Wort, unter dem man alles Mögliche verstehen kann – und will. Deshalb kommen wir nicht umhin, uns die Debatte und ihre Entwicklung etwas genauer anzuschauen.

Es liegt nahe, unter »Zentralabitur« einen Zustand zu verstehen, bei dem die Schüler *bundesweit* auch dieselben schriftlichen Prüfungen ablegen. So, wie es übrigens in der ehemaligen DDR mit Erfolg praktiziert wurde. Das kann selbstverständlich nur funktionieren, wenn auch weitgehend die gleichen Inhalte vermittelt wurden. Aber weit gefehlt, die ganze Debatte um das »Zentralabitur« beruht weder auf gleichen Prüfungen noch auf gleichen Unterrichtsinhalten. Beides gibt es im heutigen Deutschland *nicht*.

Wenn in der Debatte von »Zentralabitur« die Rede ist, meint dies daher oftmals lediglich gleiche schriftliche Prüfungen auf Länderebene, das heißt in einem Bundesland. Für dieses *landesweite* Zentralabitur gibt es in Bayern, Baden-Württemberg und dem Saarland eine zum Teil schon in die Vorkriegszeit zurückreichende Tradition. Alle anderen (westdeutschen) Bundesländer jedoch stiegen in die Diskussion erst Jahrzehnte später ein. Einen Wendepunkt markierte die Wiedervereinigung 1989. Von den fünf neuen Bundesländern behielten vier[31] die aus der DDR gekannten zentralen Abiturprüfungen bei, allerdings nurmehr als landesweites Zentralabitur. Die dadurch ausgelöste Debatte blieb kurz und ging vollkommen folgenlos an allen anderen Bundesländern vorüber.

So richtig an Fahrt gewann die Debatte über das landesweite Zentralabitur erst durch die Ergebnisse der PISA-Studien. Die Gründe dafür sind leicht auszumachen: Die besten Ergebnisse fanden sich nämlich ausgerechnet in Ländern mit zentralen Prüfungen.[32] In der Folge führten in den Jahren 2005 bis 2008 alle übrigen Länder – bis auf Rheinland-Pfalz – im Grundsatz landesweit zentrale Abschlussprüfungen ein. Allerdings: Selbst in Ländern mit einem landesweiten Zentralabitur in den schriftlichen

Fächern gibt es viele Ausnahmen. Nur bestimmte Fächer werden landesweit zentral und einheitlich geprüft, andere nicht. Das hat vor allem Kostengründe. Für Fächer, die nur wenige Schüler belegen, erstellt die Aufgaben häufig weiterhin jede Schule selbst.

Es ist keine große intellektuelle Herausforderung zu erkennen, dass landesweit zentrale Abschlussprüfungen im besten Falle zwar eine Angleichung des fachlichen Niveaus *innerhalb der Länder* leisten können, ein Beitrag zu *bundesweiter* Vergleichbarkeit und Gleichwertigkeit aber nicht gegeben ist. Deshalb flammt regelmäßig immer wieder eine Diskussion über ein *bundesweites* Zentralabitur auf. Mit Verweis auf die zu erhaltende Länderhoheit in Bildungsfragen werden diese Strohfeuer jedoch schnell und erfolgreich gelöscht – oberste Einsatzleitung des Löschkommandos: die Kultusministerkonferenz. Sie stellt in regelmäßigen Abständen und unmissverständlich klar, dass es mit ihr »kein bundesweit einheitliches Zentralabitur geben«[33] wird.

Ein Rollator für die KMK: Der Nationale Bildungsrat

Die Kultusministerkonferenz konnte bis heute keine zufriedenstellenden Lösungen für ein gerechtes Bildungssystem entwickeln. Stattdessen produziert sie Chaos und Kleinstaaterei. Das mag dazu beigetragen haben, dass sich der Bund im letzten Koalitionsvertrag (2018) zum Handeln gezwungen sah: Er beschloss nämlich kurzerhand die Gründung eines so genannten »Nationalen Bildungsrates«. Aber was genau sollte das nun wieder sein? Offiziell ging es um die Verbesserung der Bildungschancen in Deutschland. Und zwar, indem dieser Rat »unter der Maßgabe von Transparenz, Qualität und Vergleichbarkeit Vorschläge zur inhaltlichen und strukturellen Gestaltung unseres Bildungswesens«[34] entwickeln sollte. Man wird den Verdacht nicht los, dass man hier dem Gremium, das bisher für »Transparenz, Qualität und Vergleichbarkeit« zuständig war, unter die Arme greifen wollte: der Kultusministerkonferenz. Gleichsam wie ein Rollator sollte ihr ein neues Gremium über die Straße helfen. Und noch etwas gehässiger könnte man auch sagen: Die Idee des Nationalen Bildungsrates war und ist nichts anderes als die Bankrotterklärung der Kultusministerkonferenz durch den Bund.

Dieser Verdacht erhärtet sich angesichts der Reaktionen aus der Kultusministerkonferenz. »Den [Nationalen Bildungsrat] brauchen wir nicht!«, wird der Generalsekretär höchstselbst zitiert.[35] Was könne der Bildungsrat schon tun, was die Kultusministerkonferenz nicht auch selbst tun könne? Stimmt. Wenn diese denn wollte!

Nachdem fast zwei Jahre mit einer Diskussion um Zusammensetzung und Mehrheitsverhältnisse ins Land gegangen waren, erklärte Bayerns Ministerpräsident Söder im November 2019 kurzerhand, dass es einen solchen Rat mit ihm nicht geben würde. Sofort zog Baden-Württemberg nach und inzwischen ist der Nationale Bildungsrat bereits vor seiner Geburt wieder gestorben.

Was aber hatte zu diesem plötzlichen Entschluss geführt? Konkret: nichts. Von Anfang an gab es unter den Kultusministern viel Skepsis gegenüber dem Bildungsrat ob der geplanten Beteiligung des Bundes. Wenn die Aussteiger nun feststellen, sie bräuchten kein »bürokratisches Monstrum«, ist das nichts anderes als ein vorgeschobener Ausstiegsgrund. Gleichwohl ist diese Perspektive der Länder nicht völlig unbegründet, denn immerhin sollten allein für die Geschäftsstelle etwa 20 Personalstellen fällig werden. Hinzugekommen wären mehrere Dutzend Experten sowie die Vertreter von Bund und Ländern. Und das alles für ein Gremium, das ohnehin keine Beschlusskompetenz gehabt hätte, sondern lediglich eine beratende Funktion. Eines ist allerdings gewiss *nicht* das Problem der deutschen Bildungspolitik:

die zu geringe Zahl an bildungspolitischen Gremien. Eher ist das Gegenteil der Fall.

Aber eigentlich ging es gar nicht um die Größe des Gremiums. Der Ausstieg folgte vielmehr aus Angst davor, dass es »aus Berlin in die bayerischen Klassenzimmer hineinregieren«[36] könnte. Bildung sei schließlich Ländersache, man wolle keinen Zentralismus. Das gelte auch und besonders für das bayerische Abitur. Von Anfang an stand folglich das Interesse im Vordergrund, den Bund außen vor zu halten und auf diese Weise die bildungsföderale Kleinstaaterei zu verteidigen.

Allerdings hat der Ausstieg der Südländer für soviel Wirbel gesorgt, dass die Kultusministerkonferenz deutlich in Zugzwang geriet. Anders ist es nicht zu erklären, dass in beinahe atemberaubender Geschwindigkeit schon im Dezember 2019 einstimmig beschlossen wurde, einen »Bildungsrat« oder auch »wissenschaftlichen Beirat« einzurichten. Das klingt zwar zunächst wie die Umwandlung der Volksfront von Judäa in die Judäische Volksfront, des Pudels Kern aber liegt im Wegfall des Wörtchens »national«! Das bedeutet nichts anderes, als dass der Bund komplett an Bedeutung verliert und nur noch »angemessen«[37] beteiligt sein soll. Der neue Bildungsrat light rückt alles wieder ins alte Lot: Bildung bleibt Ländersache und der Bund ist raus. Und alles bei gleichzeitiger Wahrung des Anscheins immenser Aktivität und Handlungsfähigkeit. Wenn politische Gremien sich wissenschaftlich beraten lassen, macht das immer einen guten Eindruck. Allerdings fragen wir uns: Welches Beratungs*defizit* könnte es eigentlich noch geben?[38] Längst ist alles vielfach gesagt und wissenschaftlich belegt. Und eigentlich wissen das auch alle – die Einrichtung eines solchen Gremiums ist nicht mehr und nicht weniger als Symbolpolitik in ihrer schlichtesten Form. Seltsamerweise loben nun selbst diejenigen, die bis eben noch engagiert *für* den *Nationalen* Bildungsrat kämpften, den Bildungsrat light und sind überzeugt, dass er »entscheidend dabei helfen kann, mehr Qualität und Vergleichbarkeit im Bildungswesen der Länder sicherzustellen«[39]. War die Begeisterung für die Beteiligung des Bundes dann doch gar nicht so groß wie vorgegeben? Oder ist es einfach politische Taktik, das neue Gremium zu preisen? Denn mit dem Fall des Nationalen Bildungsrates rückt nun, um mehr Vergleichbarkeit zu schaffen, ein *Bildungsstaatsvertrag* in den Fokus. Der wiederum, und das ist aus Sicht der Kultusminister der entscheidende Vorteil, würde allein durch die Länder gestaltet, nicht durch den Bund. Und tatsächlich könnte ein solcher Staatsvertrag zu mehr Vergleichbarkeit führen, denn im Gegensatz zu den Beschlüssen der Kultusministerkonferenz wäre er rechtsverbindlich. Um Wirkungen zu entfalten, müsste er allerdings auch zielführende Regelungen enthalten. Und man darf, bei allem Optimismus, doch recht skeptisch sein, dass denselben Spielern, die sich in der Kultusministerkonferenz seit Jahrzehnten nicht einigen können, dies nun plötzlich bei einem Staatsvertrag gelingt.

Die Rolle des Bundes in diesem Prozess ist inkonsequent und alles andere als löblich. Während er noch vor vierzig Jahren den Mut hatte, für sich größere Kompetenzen einzufordern, ist davon heute kaum noch etwas zu hören. Bundesministerin Karliczek steckte erst die Pleite mit dem Nationalen Bildungsrat ein, um dann dabei zuzuschauen, wie die Länder einen wissenschaftlichen Beirat installieren, und »abzuwarten (...), wie der Bund konkret einbezogen werden soll«[40]. Wie die Länder selbst verteidigt sie unbeirrt den Bildungsföderalismus in seiner heutigen Form.[41] Auf einer solchen Grundlage kann und wird es allerdings niemals zu einem echten Zentralabitur kommen.

Das Ergebnis ist ernüchternd: Wenn man die Entwicklung des Bildungsföderalismus an seinem selbst gestellten Anspruch, nämlich der Sicherung der Vergleichbarkeit der Lebensverhältnisse im Bereich der Bildung, misst, offenbart sich eine Geschichte des Scheiterns. Die Kultusministerkonferenz ist bis heute nicht in der Lage, den eigenen Anspruch von »Einheit in Vielfalt« einzulösen. Gemessen an der Größe des Apparates ist die Ausbeute der letzten 70 Jahre gering, von Effizienz und Geschwindigkeit gar nicht zu reden. Nicht umsonst hält sich das Bonmot von der Landschildkröte bis heute. Die ungleichen Lebenschancen, die sich aus dem Chaos in der gymnasialen Oberstufe ergeben, sind der Bevölkerung inzwischen kaum noch vermittelbar.

Das heutige »Zentralabitur«: Ein bildungspolitischer Fake

Zwischen den Wünschen der Bevölkerung und der bildungspolitischen Realität klafft eine riesengroße Lücke. Auf Dauer wird dies für unsere Demokratie zur Belastungsprobe. Natürlich kann die Politik den Wählern nicht offen ins Gesicht sagen, dass sie auf keinen Fall tun wird, was sie sich wünschen. Man muss da schon etwas geschickter vorgehen. Aber wie? Indem man Täuschungsmanöver erfindet und bildungspolitische Fakes ersinnt. Diese werden wie ein Schleier über die Kluft zwischen dem Bevölkerungswillen und dem Handeln der Politik geworfen und verdunkeln die zugrundeliegenden Mechanismen. Diese Fakes funktionieren so gut, dass selbst große Teile der Presse darauf hereinfallen. So wurde in der Sommerloch-Debatte des Jahres 2019 der Bundesbildungsministerin in zahlreichen Medien angedichtet, Anhängerin eines Zentralabiturs zu sein, obwohl sie den Bildungsföderalismus völlig unangetastet lassen will.

Zwei dieser Fakes auf dem Weg zu einem angeblich vergleichbaren Abitur möchten wir Ihnen nun vorstellen. Hierbei geht es einerseits um die Vereinheitlichung der angestrebten Abschlüsse durch »Bildungsstandards« und andererseits um die Vergleichbarmachung der Abiturprüfungen durch den sogenannten »Aufgabenpool«.

Die Output-Steuerung als Kanon-Killer

Dem aufmerksamen Leser wird es nicht entgangen sein, dass es bisher lediglich um strukturelle Aspekte ging, die Ebene der Inhalte aber noch gar nicht diskutiert wurde. Eine einheitliche Lern- und Prüfungsstruktur aber löst noch nicht unsere bildungspolitischen Probleme. Denn selbst wenn alle Schüler in gleichen Strukturen lernten, bedeutete das noch lange nicht, dass auch nur annähernd gleiche Inhalte gelehrt würden. Das Problem stellt sich ebenso für die Abiturprüfungsaufgaben, denn wie und was sollte in allen Ländern gleich abgeprüft werden, wenn nicht auch die Bildungsinhalte gleiche wären?

Dafür gibt es seit vielen Jahren für alle Abiturfächer die sogenannten »Einheitlichen Prüfungsanforderungen« (EPA).[42] Damit versuchten die Länder, sich zumindest in Kernfragen auf einheitliche fachliche Standards zu einigen. Auf dieser Grundlage bestimmten alle Länder für ihre Schulen die Unterrichtsinhalte mit sogenannten Rahmen- oder Lehrplänen. Sie sollten im besten Falle die Unterrichtsziele, -inhalte und -methoden vorgeben und so Vergleichbarkeit gewährleisten. Zwar blieben die Standards der EPA als kleinster gemeinsamer Nenner mitunter vage und boten so für alle Länder zahlreiche Möglichkeiten zu tun, was immer sie wollten. Aber immerhin gab es einen Referenzpunkt.

Kerncurriculum statt Kanon

Der späteren Bundesbildungsministerin Annette Schavan ging das bereits im Jahr 1999 nicht weit genug. Offenbar ahnte sie, zu welchen Ergebnissen die erste PISA-Studie führen würde. Sie eröffnete eine Debatte über einen verbindlichen Bildungskanon. Allerdings stand bei ihr nicht die stärkere Vergleichbarkeit der

Bildungsabschlüsse im Vordergrund, sondern die optimale Vorbereitung der Schüler auf eine Welt des permanenten Wandels. Es gehe um die Herausbildung eines Bildungskerns, »um den herum in der Abfolge der Lebensphasen neue Schichten angelegt werden wie bei den Jahresringen eines Baumes.«[43] Während sie damit immerhin den Wert der Allgemeinbildung für ein lebenslanges Lernen betonte, verteidigte sie wenig später als Präsidentin der Kultusministerkonferenz zugleich den Bildungsföderalismus »als Motor der Qualitätsentwicklung«[44] – verstehe das, wer wolle. Wie immer aber blieb die Kultusministerkonferenz bei dem ihr eigenen Tempo und gab zunächst wissenschaftliche Stellungnahmen in Auftrag.[45]

Die Ergebnisse wurden noch im Jahr 2000 für die Fächer Mathematik, Deutsch und Englisch vorgelegt und brachten – nichts. Selbstverständlich konnten sich die Wissenschaftler nicht auf einen inhaltlichen Kanon in diesen Fächern einigen: »Die Autoren der hier vorgelegten Abhandlungen verfolgen mit ihren Expertisen (…) nicht das Ziel, Fächer als obligatorisch zu definieren, Prüfungen zu regulieren oder verbindliche Lernzeiten und Stoffkataloge zu fixieren, sie wollen den Kern dessen beschreiben, was das Zentrum der Oberstufe ausmacht.«[46] Es gehe vielmehr um die »Kanonisierung von Erwartungen, die als Kompetenzen der Lernenden notwendig sind.«[47] Aus dem verbindlichen Bildungskanon war ein »Kerncurriculum« geworden, mit dem die Festlegung konkreter Inhalte gerade vermieden werden sollte. Aus Inhalten wurden sogenannte »Kompetenzbeschreibungen«. Was das heißt, wird an folgendem Beispiel deutlich: In einer Wissenschaftlergruppe für das Fach Deutsch wurden nicht etwa Werke ausgewählter Autoren mit darauf jeweils bezogenen Zielvorgaben benannt, sondern lediglich die abstrakten Lernbereiche »Sprechen«, »Schreiben«, »Umgang mit Texten und anderen Medien« sowie »Reflexion über Sprache«.[48] Das war's. Nein, das ist kein Scherz. Das steht da so. Mehr nicht.

Man kann es kaum fassen, damit waren die politischen Debatten über verbindliche Unterrichtsinhalte für unsere Schulen auf politischer Ebene schon wieder Geschichte. Es gab ein leichtes, kurzes Flackern, und schon war der Reformeifer wieder erloschen. Da eigentlich alle aus unterschiedlichen Motiven so furchtbar viel nicht ändern wollten, musste nun aber eine Strategie ersonnen werden, bei der man nach außen maximale Reformbereitschaft dokumentierte, nach innen jedoch die Hoheit der Länder unangetastet lassen konnte.

Die Klieme-Expertise als Sargnagel der Allgemeinbildung

Zu diesem Zweck wurde – wen wundert's – noch eine Studie in Auftrag gegeben, deren Ergebnisse im Jahr 2003 vorlagen und die unter dem Namen ihres Leiters als »Klieme-Expertise«[49] bekannt wurde. Was aber schlugen Eckhard Klieme und Kollegen vor? Um das richtig verstehen zu können, müssen wir uns vergegenwärtigen, welche Positionen die Expertengruppe unter einen Hut zu bringen hatte:

1. Die spätere Bundesbildungsministerin hielt eine stärkere Vereinheitlichung der Bildungsinhalte in den Schulen für erforderlich (Kanon) und löste eine entsprechende Debatte aus.

2. Die Fachwissenschaftler konnten sich nicht einmal in den Kernfächern Deutsch, Mathematik und Englisch auf einen Kanon notwendigen Wissens für das Abitur einigen.

3. Die Bildungsminister wollten den Bildungsföderalismus erhalten und insbesondere eine steuernde Rolle des Bundes verhindern.

4. Die beteiligten Bildungswissenschaftler hielten traditionelle Bildungstheorien für veraltet und wollten die Kompetenztheorie und die mit ihr verbundene Leistungsvermessung durch-

setzen, wie sie durch PISA zum Standard geworden war. Gemäß dieser Theorie kommt es auf konkrete Inhalte, also einen Kanon, nicht so sehr an. Vielmehr geht es um zu erwerbende »Kompetenzen«.

Diese Positionen stehen untereinander in einem erkennbaren Widerspruch. Wie wurde er aufgelöst?

Autonomie statt Verbindlichkeit

Die Antwort der führenden deutschen Bildungsforscher auf den Mangel an Einheitlichkeit und Leistung im deutschen Schulsystem hat zwei Kernpunkte, die auf unselige Weise miteinander zusammenhängen:

1. Klieme und seine Kollegen behaupten, dass es einen radikalen Bruch mit der »fast zweihundert Jahre«[50] alten Bildungssteuerung in Deutschland geben müsse. Fortan solle diese Steuerung nicht mehr durch Lehrpläne geschehen (Input-Steuerung), sondern der Fokus solle sich auf die Lern*ergebnisse* der Schüler richten (Output-Steuerung). Ganz unverhohlen wird dabei von den Autoren betont, dass sie damit eine »*pragmatische Antwort auf die Konstruktions- und Legitimationsprobleme traditioneller Bildungs- und Lehrplandebatten*«[51] geben. Der Kanondiskussion wird also durch ein Absehen von allen Inhalten schlicht entflohen. Ein cleverer Weg, Streitigkeiten zu lösen, indem man kurzerhand die Streitgegenstände beseitigt! In der Schulpraxis aber nützt er nicht.

2. Der »Output« wird nun von den Wissenschaftlern anhand von Bildungsstandards beurteilt, die sich nicht mehr an konkreten Inhalten orientieren, sondern der Sicherung inhaltsübergreifender *Kompetenzen* dienen. Der Grundgedanke dabei ist, dass

Schüler angeblich an unterschiedlichen Gegenständen und Inhalten vergleichbare Kompetenzen erwerben können. Daher sollten die Länder auf ihre bisherigen Rahmenpläne verzichten und stattdessen *Kerncurricula* einführen. Man hätte erwarten dürfen, dass das durch die inhaltsleeren Bildungsstandards erzeugte Vakuum wenigstens in den Ländern wieder mit Materie gefüllt würde. Doch weit gefehlt. Der eigentliche Sinn der Kerncurricula besteht vielmehr darin, den Schulen maximale Freiheiten bei der Auswahl und Anordnung der Inhalte durch *schulinterne Curricula* zu gewähren: »Es wird zunehmend der einzelnen Schule überlassen bleiben festzulegen, wie genau – mit welchem Curriculum, mit welcher Stundentafel in den einzelnen Jahrgängen, mit welchen Formen der Unterrichtsorganisation im einzelnen – die Kompetenzziele erreicht werden sollen und können.«[52]

In den Bildungsstandards für das Fach Deutsch ist das besonders deutlich zu erkennen:[53] Statt einer Einigung auf bestimmte Werke oder Werkauszüge von Lessing, Goethe, Heine, Ringelnatz, Brecht, Hesse oder Zeh wird rein formal als Ziel ausgegeben, sich mit literarischen Texten auseinandersetzen zu können. Das ist natürlich eine unschlagbare Forderung. Denn wer wollte schon etwas dagegen einwenden, dass unsere Schüler das können sollen, was nun einmal den Kern des Faches Deutsch ausmacht, nämlich sich mit Texten aller möglichen Arten auseinanderzusetzen? Das Dumme ist nur, dass es mit dem Können nicht immer so leicht ist. Denn ohne verfügbares Wissen entsteht auch kein praktisches Können. Natürlich ist das auch den Bildungsstandard-Verfassern klar. Dementsprechend konkretisieren sie, die Schüler müssten hierfür unter anderem Folgendes beherrschen:

- »Inhalt, Aufbau und sprachliche Gestaltung literarischer Texte analysieren, Sinnzusammenhänge zwischen einzelnen Einheiten dieser Texte herstellen und sie als Geflechte innerer Bezüge und Abhängigkeiten erfassen (…)
- ihr Textverständnis argumentativ durch gattungspoetologische und literaturgeschichtliche Kenntnisse über die Literaturepochen von der Aufklärung bis zur Gegenwart stützen,
- relevante Motive, Themen und Strukturen literarischer Schriften, die auch über Barock und Mittelalter bis in die Antike zurückreichen können, vergleichen und in ihre Texterschließung einbeziehen.«[54]

Hinter den reichlich hochgestochenen Formulierungen verbirgt sich im Wesentlichen dies: Die Schüler sollen, wenn ihnen Teiltexte aus einem Werk, beispielsweise von Günter Grass, vorgelegt werden, diese in den Gesamttext und auch literaturgeschichtlich einordnen können. Sie müssten also nicht nur Günter Grass und nicht nur das eine Werk, sondern die gesamte deutsche Literaturgeschichte ziemlich gut überblicken!

Das klingt zwar eher nach einem Anforderungsprofil für einen Germanistikprofessor. Was vielleicht noch in Ordnung wäre, wenn man sich zuvor darauf verständigt hätte, *welche* Werke von Grass der Schüler denn kennen soll und welche Elemente der deutschen Literaturgeschichte für seine Deutung und Einordnung vorauszusetzen sind. Das aber leisten die Bildungsstandards nicht, und sie wollen es gar nicht leisten. Sie sind ja genau das Werkzeug, um solch eine mühsame Einigung zu umgehen.

Ohne diese Einigung jedoch, also ohne einen Kanon, sind all die Könnensbeschreibungen nicht das Papier wert, auf dem sie stehen. Wenn Schüler Lessing mit Verstand gelesen haben, dann können sie – im besten Falle – Lessing interpretieren, nicht aber automatisch auch Grass oder Mascha Kaléko. Kein Wunder:

Denn letztere schrieben – mit guten Gründen, die man eben auch kennen müsste – ganz anders. Wie also sollen diese abstrakten Könnensbeschreibungen im luftleeren Raum die Vergleichbarkeit erhöhen, wenn jedes Land, ja sogar jede einzelne Schule sie für sich in die Praxis übersetzt, so dass am Ende jeder etwas anderes kann? Und wie, fragt man sich augenreibend, soll dann die bundesweit einheitliche Prüfung dafür aussehen?

Lassen wir es uns auf der Zunge zergehen: Die Antwort der Bildungswissenschaftler auf mangelndes Niveau und mangelnde Gleichwertigkeit des Abiturs im Vergleich der Länder war es allen Ernstes, die Verantwortung für die Inhalte (und damit auch das Niveau des Unterrichts) sogar noch in die Hand jeder einzelnen Schule zu legen und damit die kritisierte Uneinheitlichkeit auf ein Maximum zu erhöhen. So absurd der Vorschlag klingt: die Kultusministerkonferenz folgte ihm und löste damit eine bis dahin wahrscheinlich nie dagewesene Verschwendung von Steuergeldern im Schulsystem aus. Inwiefern? Lehr- und Rahmenpläne dienten einmal zwei Zielen: Sie sollten schulische Abschlüsse miteinander möglichst vergleichbar machen, aber auch Lehrer und Schulen vor unnötiger Arbeit bewahren. Die Bildungsverwaltung in den Ministerien trat also als Dienstleister für das Schulsystem auf. Nicht jede Schule musste für jedes Fach und jede Jahrgangsstufe Konzepte für die Unterrichtsinhalte erstellen, das tat stattdessen für alle das Bildungsministerium. Was vernünftig war und Geld sparte – und ermöglichte, dass exakt auf den Unterricht abgestimmte Lehrbücher auf den Markt kamen. Es war also auch ein Mittel der Sicherung einheitlicher Unterrichtsqualität. Und nun?

Clevere Schulen schrieben einfach den bisherigen Lehrplan, gewürzt mit zwei, drei Prisen Lokalkolorit, als »schulinternes Curriculum« ab. Sehr viele Schulen aber nahmen die Aufgabe und die neue Freiheit ernst. Bei unseren Recherchen für das vorliegende Buch stießen wir auf ein angesehenes und traditionsreiches westdeutsches Gymnasium – eines unter vielen –, das auf seiner Internetseite für alle Fächer rund 40 schulinterne Curricula veröffentlicht hat. Der Umfang der Dokumente beläuft sich meist auf 30 bis 80 DIN A4-Seiten. Bei durchschnittlich 50 Seiten wurden von diesem Gymnasium also etwa 2.000 Seiten produziert. Die ganz normale Unterrichtsvorbereitung eines jeden einzelnen Lehrers ist darin natürlich noch nicht enthalten. Geht man davon aus, dass je Fach drei Kollegen intensiv in die Erarbeitung der Curricula eingebunden waren, sich die Gruppen fünf Mal jeweils vier Stunden getroffen und das Doppelte an Zeit für das Schreiben der Texte benötigt haben, ergeben sich allein für diesen Prozess für den Steuerzahler Kosten in Höhe von mehr als einer viertel Million Euro. Davon hätte man an dieser Schule einen verbeamteten Lehrer einschließlich seiner anteiligen Pensionsaufwendungen rund 3 Jahre zusätzlich beschäftigen können. Eine viertel Million Euro für eine einzige Schule! Und diese Dokumente müssen dann auch noch regelmäßig überarbeitet werden. Stellen Sie sich bitte vor, was das für ganz Deutschland bedeuten muss: Immerhin gibt es mehr als 30.000 Schulen. Häufig jedoch werden die Länder diese Aufgabe den Lehrern einfach zusätzlich aufgenötigt haben, ohne zusätzliche Entlohnung. Was es die Lehrkräfte an Nerven gekostet haben mag, Aufgaben zu erledigen, für die eigentlich die staatliche Verwaltung zuständig sein sollte, ist noch eine ganz andere Frage.

Lokalismus als Steigerung des Föderalismus

Auch wenn die Interessengegensätze nun aufgelöst zu sein schienen, blieb ein Prinzip ersichtlich auf der Strecke: die Bildungsgerechtigkeit in unseren Schulen. Denn wie sollen jemals einheitliche Prüfungen ohne gleiche Unterrichtsinhalte möglich sein?

Und wie sollen Prüfungsaufgaben überhaupt noch Fachwissen voraussetzen dürfen, wenn nicht einmal mehr die Länder sicherstellen können, dass dieses auch unterrichtet wird? All diese Ungereimtheiten fallen nicht weiter auf, weil das System dafür zu komplex und von außen zu undurchschaubar ist. Dem Anschein nach aber haben wir nur »Gewinner«: Die Bildungspolitik kann mit der Einführung von »Bildungsstandards« einen entscheidenden Fortschritt in der Vereinheitlichung der Schulbildung verkünden. Zugleich werden die Länder durch die Bildungsstandards in nichts eingeschränkt, weil in denen wenig Konkretes drinsteht, das sie einschränken könnte. Mit den Kerncurricula kann jedes Land außerdem weiterhin steuern, wie sehr es Vorgaben machen möchte oder eben auch nicht. Die Handlungsfreiheit der Länder bleibt völlig unangetastet. Und schließlich zählt zu den Gewinnern selbstverständlich die kompetenzorientierte Bildungsforschung. Erst ihr methodischer Ansatz erlaubte es, die bestehenden Probleme im Nirvana höherer Abstraktionsebenen verschwinden zu lassen und die kommunikativen Probleme der Politik zu zerstreuen. Zur Belohnung für diese »pragmatische Lösung« des jahrhundertealten Streites über Bildungsinhalte spendierten Bund und Länder, wie in der Expertise gefordert, der Kompetenztheorie mit dem »Institut zur Qualitätsentwicklung im Bildungswesen« (IQB) eine eigene wissenschaftliche Einrichtung. Das kostet den Steuerzahler jährlich sieben bis acht Mio. Euro.

Zur Erinnerung: Ausgangspunkt der Debatte war die zu geringe Leistungsfähigkeit des deutschen Schulsystems sowie dessen innere Uneinheitlichkeit. Wenn man daran etwas hätte ändern wollen, wäre hierfür zunächst einmal ein inhaltlicher Maßstab erforderlich gewesen. Der zaghafte Versuch der späteren Bundesbildungsministerin, einen verbindlichen Bildungskanon einzufordern, war die einzig vernünftige Schlussfolgerung, die aus der Einsicht in die Misere gezogen werden konnte. Davon blieb in der Diskussion nicht nur nichts übrig, es kam sogar das Gegenteil dabei heraus. Die geringe fachlich-inhaltliche Verbindlichkeit zwischen den Ländern wurde mit den Bildungsstandards auf Bundesebene endgültig zerstört sowie mit den Kerncurricula auf Länderebene programmatisch entkernt. Und mit den Schulcurricula überbot sich der Föderalismus sogar noch hin zum *Lokalismus*. Die national einheitlichen »Bildungsstandards« sind folglich nichts anderes als ein Fake.

Der bundesweite Aufgabenpool: Ein Lottospiel mit wenigen Treffern

Wenn die Bildungsstandards, und das ist das erklärte Ziel, tatsächlich Vergleichbarkeit sichern sollen, müssen auch die Leistungsüberprüfungen daran ausgerichtet werden. Kern der Umsetzungsstrategie der Kultusministerkonferenz für die Durchsetzung der Bildungsstandards bei der Abiturprüfung ist der *Aufgabenpool*. In diesen Pool speisen alle Länder Abiturprüfungsaufgaben ein, die den Bildungsstandards entsprechen. Genau genommen handelt es sich um vier Pools, nämlich für die Fächer mit bundesweiten Bildungsstandards: Deutsch, Mathematik, Englisch und Französisch.[55] Die Aufgaben sollen zum einen das fachliche Niveau, zum anderen die bundesweite Vergleichbarkeit sichern.[56] Das Problem ist nur: Es funktioniert hinten und vorne nicht. Während die Öffentlichkeit diesen Pool heute häufig als »Zentralabitur« fehlinterpretiert, dient er im Gegenteil dazu, wirkliche zentrale Abschlussprüfungen für ganz Deutschland zu *verhindern*.

Der Mechanismus, durch den dies gewährleistet wird, besteht darin, dass zwar alle Bundesländer Aufgaben in den Aufgabenpool einspeisen, sie aber Aufgaben für die Fächer lediglich entnehmen *können*, aber keinesfalls *müssen*. Sie können zu einem

Prüfungstermin unter den im Pool angebotenen (Teil-)Aufgaben frei wählen – oder eben auch nicht. Zudem dürfen diese Poolaufgaben durch die Länder angepasst und verändert werden. Schließlich müssen diese Aufgaben, je nachdem, wie viele (Teil-) Aufgaben das jeweilige Land für das jeweilige Fach aus dem Pool entnimmt, um weitere, ländereigene Aufgaben ergänzt werden. Und das tun die Länder natürlich in Eigenregie. Im Fach Deutsch ist es bei der Abiturprüfung zum Beispiel nicht unüblich, dass den Prüflingen vier Aufgaben gestellt werden, von denen sie aber nur eine lösen müssen. Stammt dann nur eine dieser Aufgaben aus dem Pool, greift statistisch gesehen nur ein Viertel der Prüflinge auf eine bundesweit vergleichbare Aufgabe zu. Wählt das Land bewusst eine Aufgabe aus dem Pool aus, die für seine Schulkultur eher untypisch ist, dürfte kaum einer der Schüler diese Aufgabe nutzen. Man kann dem Pool also Aufgaben auch in der Absicht entnehmen, dass er nicht zur Wirkung kommt. Für alle, die bereits jetzt eine gewisse Konfusion spüren: Ja, es ist bei diesem »Zentralabitur« nicht mehr als ein Zufall, wenn ein Schüler in Mühlhausen und einer in Eckernförde tatsächlich eine gleiche Abiturprüfungsaufgabe lösen. Sie müssten ja 1. unter der Auswahl, wenn überhaupt vorhanden, eine Poolaufgabe erwischen, diese müsste 2. von beiden Ländern ausgewählt worden, 3. in beiden Ländern unverändert geblieben und 4. in beiden Ländern auch nach einheitlichen Maßstäben bewertet worden sein. Ist das ein »Zentral«-Abitur oder nicht doch eher ein Lotteriespiel?

Die Nutzung des Pools

Fragen wir dazu das IQB. Dort muss man es schließlich wissen, denn dort wird der Aufgabenpool organisatorisch betreut und evaluiert. Mit unseren Fragen

- *Wie intensiv nutzen die Länder die Poolaufgaben?*
- *Wie viele Länder setzen dieselben Aufgaben ein?*
- *Werden die Poolaufgaben durch die Prüflinge im Rahmen ihrer Auswahlmöglichkeiten genutzt?*
- *Wurden die Aufgaben vor ihrem Einsatz verändert und wenn ja, wie?*

werden wir auf den Evaluationsbericht des Jahres 2017 verwiesen.[57]

Uns interessieren zunächst die Ergebnisse über die Nutzung der Aufgaben durch die Länder. Beginnen wir mit dem Fach Deutsch. Hier kann man lesen, dass 19 mal Aufgaben aus fünf verschiedenen Aufgabentypen entnommen worden sind. Dem Bericht ist nicht zu entnehmen, ob es je gleiche Aufgaben waren, welche von den Ländern gewählt wurden. Wir können nicht einmal eine Wahrscheinlichkeit abschätzen, denn dazu müssten wir wissen, wie viele Aufgaben (je Typ) im Pool zur Verfügung standen. Angesichts dessen, dass sich Schüler zwischen mehreren Aufgaben entscheiden dürfen, wird unmittelbar klar, dass die Trefferquote einer Poolaufgabe für den Einzelnen homöopathisch gering wird. Der Bericht selbst stellt in gebotener Unschärfe und gleichzeitig etwas überraschend fest: »Die meisten der aus dem Abituraufgabenpool stammenden Aufgaben wurden von relativ vielen Prüflingen und vielfach sogar etwas häufiger als die landeseigenen Aufgaben gewählt.«[58] »Vielfach«, sogar »etwas häufiger« lässt sich, angesichts exakt erhobener Daten, gar nicht anders interpretieren als: In vielen Fällen wurden andere Aufgaben genutzt. Für Englisch und Französisch sieht das Ganze nicht viel besser aus. Wir ersparen Ihnen Details, zumal die Fallzahlen bei Französisch sehr gering sind. Für Mathematik wurde die Auswahl der Aufgaben gar nicht erst untersucht. Keinerlei Angaben finden sich im Bericht zu Veränderungen der Aufgaben.

Aber wir haben ja bereits gelernt, dass sich Entwicklungen im föderalen Schulsystem langsam vollziehen. Schauen wir deshalb auf die Evaluation des nächsten Prüfungsjahres. Für 2018 findet sich auf den Seiten des IQB kein Bericht. Wir haben deshalb einfach nachgefragt.

Im IQB wiegelt man unsere Anfrage zunächst ab. Per Mail antwortet uns ein Mitarbeiter, im Jahr 2018 habe es gar keine Evaluation des Aufgabenpools gegeben. Kurios, hatten wir nicht gerade einige Wochen zuvor in der »ZEIT« von den Ergebnissen genau einer solchen Evaluation gelesen?[59] Konkret auf diesen Widerspruch angesprochen, antwortet derselbe Mitarbeiter mit einem Gesprächsangebot per Telefon. Man muss nicht lange darüber nachdenken, welchen tieferen Sinn es hat, eine schriftliche Kommunikation abzubrechen und stattdessen eine mündliche anzubieten. Den Bericht allerdings bekamen wir auch nach dem Telefonat nicht. Dafür aber zweierlei: Erstens die Gewissheit, dass ein solcher Bericht existiert. Nur nicht für uns. Die Amtschefkommission der Kultusministerkonferenz habe untersagt, das Zahlenmaterial zu veröffentlichen. Aber warum? Weil es »zum jetzigen Zeitpunkt falsche Signale« an die Öffentlichkeit senden würde. Und zweitens: Eine gehörige Portion Mitleid mit den Wissenschaftlern des IQB. Nicht nur, dass sie mühsam Material auswerten und darüber lange Berichte verfassen, die dann im Giftschrank verenden. Sie werden auch noch dazu verdonnert, »der Öffentlichkeit« Informationsmaterial vorzuenthalten, das von dieser Öffentlichkeit bezahlt wurde.

Also machen wir uns auf zur Kultusministerkonferenz und versuchen dort unser Glück. Wir fragen, ob wir denn die Evaluation für das Jahr 2018 einsehen dürften. Die Antwort erinnert an einen Sketch von Loriot oder Monty Python: »Zum jetzigen Zeitpunkt wird von einer Veröffentlichung des Evaluationsberichts 2018 abgesehen. Dies ist dadurch zu begründen, dass die Länder sich aktuell in einem Prozess der Annäherung befinden, weshalb derzeit noch eine prozessbegleitende interne Evaluation durchgeführt wird, deren Ergebnisse nicht veröffentlicht werden.« Mit anderen Worten: Die Evaluation kann deshalb nicht veröffentlicht werden, weil man noch etwas anderes untersucht, das aber auch auf keinen Fall der Öffentlichkeit zugänglich gemacht werden soll! Was wir nicht verraten hatten: Wir waren von Anfang an im Besitz des fraglichen Dokuments. In jeder guten deutschen Behörde gibt es schließlich eine Stelle, die löchrig ist wie ein Schweizer Käse. Aber wir wollten zumindest versucht haben, uns die Unterlage ganz offiziell zu besorgen. Transparenz zählt offenbar nicht zum Kerngeschäft der Kultusministerkonferenz.[60]

Der Bericht 2018 legt seinen Schwerpunkt auf die Entnahme der Aufgaben durch die Länder und deren eventuelle Veränderung. Wir atmen auf: Endlich die gesuchten Angaben, es wird spannend.

Beginnen wir wieder mit Deutsch. Zunächst wird berichtet, dass es nunmehr 16 Aufgaben im Pool gegeben habe, die 28 mal eingesetzt wurden. Tatsächlich jede Aufgabe wurde genutzt, und zwar von durchschnittlich 1,75 Ländern. Das freut den Steuerzahler, bleibt so doch keine der aufwändig produzierten Aufgaben ohne Nutzung durch mindestens ein Land. Allerdings ist dem Bericht auch zu entnehmen, dass nur drei aller entnommenen Aufgaben von mehr als einem Land eingesetzt wurden.[61] Die für 2017 aufgestellte Vermutung homöopathischer Wahrscheinlichkeit für zwei Prüflinge unterschiedlicher Länder, auf ein und dieselbe Aufgabe zu treffen, verdichtet sich 2018 zur bitteren Gewissheit.

Für Prüfungen im Fach Mathematik werden prinzipiell mehr Aufgaben aus dem Pool entnommen, wobei es sich, bedingt durch die Struktur der jeweiligen Abiturprüfung, in der Regel lediglich um *Teil*aufgaben handelt. Nun ist es allerdings so, dass in keinem mathematischen Bereich alle Länder aus den jeweiligen Poolaufgaben geschöpft haben. Im Fazit gibt der Bericht an, dass der Anteil der eingesetzten Poolaufgaben an der Gesamtprüfung von 13 Prozent (grundlegendes Niveau) bzw. 15 Prozent (erhöhtes Niveau) bis 100 Prozent beträgt – im Durchschnitt sind das 51 Prozent bzw. 56 Prozent.[62]

Ebenso bemerkenswert ist die Untersuchung zur Veränderung der Aufgaben. Der Bericht weist drei Kategorien aus, die den Grad der Änderungen angeben: *gravierend, relevant* und *kaum verändert*. So überrascht es denn auch nicht, dass der Bericht sowohl für Mathematik als auch für Deutsch feststellt, »dass die Aufgabenstellungen in relativ vielen Fällen gravierend modifiziert«[63] wurden.

Besonders kurios ist die Tatsache, dass in beiden Evaluationsberichten alle Länder anonymisiert wurden. Mit anderen Worten: Kein Land weiß, wo die anderen Länder bei der Nutzung des Aufgabenpools jeweils stehen. Die Kultusministerkonferenz traut offenbar nicht nur der Öffentlichkeit nicht zu, die Wahrheit zu verkraften, sondern nicht einmal sich selbst. Dabei wäre die Offenlegung der Länderdaten die notwendige Voraussetzung dafür, aus den Evaluationen steuerungsrelevante Informationen zu gewinnen.

Fassen wir die mühsame Lektüre der Evaluationsberichte für die ersten zwei Jahrgänge des Aufgabenpools hinsichtlich der eingangs gestellten Fragen zusammen, soweit diese durch die Berichte beantwortet werden:

- *Wie intensiv nutzen die Länder die Poolaufgaben?* Die Nutzung ist erschütternd gering! Man könnte angesichts dessen auch formulieren: Mit großem Aufwand werden die gemeinsamen Aufgaben erst erstellt, um dann kaum genutzt zu werden. Zwischen den Jahren 2017 und 2018 gibt es genau genommen keinerlei Fortschritt. Das allerdings wird nicht einmal aus den beiden Evaluationsberichten selbst deutlich, weil sie nicht dieselben Fragestellungen untersuchen. Das geht allein aus einer weiteren, internen Vorlage der Kultusministerkonferenz hervor.[64]

- *Wie viele Länder setzen dieselben Aufgaben ein?* Den berichteten Daten lässt sich lediglich entnehmen, dass es fachübergreifend nur eine kleine Anzahl von Aufgaben gibt, die in einigen Ländern gleichzeitig eingesetzt werden.

- *Werden die Poolaufgaben durch die Prüflinge im Rahmen ihrer Auswahlmöglichkeiten genutzt?* Auskunft gibt hierzu lediglich und auch nur ansatzweise der Bericht 2017: Es gibt Prüflinge, die die Ausgaben auswählen, mitunter sind es »relativ viele«, mitunter sehr wenige.

Insgesamt ein extrem ernüchterndes Ergebnis. Der Pool ist kein Schritt auf dem Weg zum Zentralabitur, sondern ein Fake. Erfunden zur Beruhigung der Öffentlichkeit. Es soll die Existenz eines »Zentralabiturs« vorgaukeln, das in Wahrheit nicht existiert.

Der Pool als Schablone für Qualität

Das IQB sieht das interessanterweise ganz anders. Die Tatsache, dass im Prüfungsjahr 2018 alle Länder für jedes Fach mindestens eine Aufgabe des Pools eingesetzt haben, führt zu einem beinahe euphorischen Fazit: »Damit wird das Ziel, von allen Ländern nutzbare Pools von Abiturprüfungsaufgaben zur Verfügung zu stellen, bereits in den Anfangsjahren erreicht.«[65]

Es war also lediglich das Ziel, dass die Länder mindestens eine Aufgabe einsetzen, zumal in vielen Fällen durch die Schüler auch noch Wahlmöglichkeiten bestehen? Geht es denn gar nicht darum, dass in allen Ländern in den vier Fächern möglichst die gleichen schriftlichen Prüfungen geschrieben werden? Nein, die Logik besteht darin, dass die Poolaufgaben modellhaft zeigen sollen, wie eine Prüfungsaufgabe auf Basis der Bildungsstandards aussehen muss. »Durch die normierende Wirkung der Poolaufgaben auf die Qualität und den Anspruch der Abituraufgaben insgesamt ist es bei bestehenden Wahlmöglichkeiten letztlich auch nicht von Bedeutung, ob einzelne Schülerinnen und Schüler tatsächlich auch die Aufgabe aus dem Abiturpool bearbeitet haben oder nicht.«[66] Der Gedankengang ist durchaus nachvollziehbar, schlägt sich allerdings in der Praxis kaum nieder. Die entnommenen Aufgaben mussten nämlich mehrheitlich relevant bis gravierend verändert werden. Warum? Weil die Ausgestaltung der gymnasialen Oberstufe in den Ländern so unterschiedlich ist. Während man nun gewisse Eingriffe wie »Anpassungen an landesübliche Darstellungsformen« ohne inhaltliche Änderungen getrost ignorieren kann, fällt es schon schwerer, »Kürzung oder Verlängerung der zu bearbeitenden Texte« oder »Veränderungen von Operatoren[67] oder gesamter Aufgabenstellung«[68] als »Oberflächenmerkmale« abzutun, die »keine Grundsatzfragen berühren«, wie Petra Stanat, Leiterin des IQB, behauptet.[69]

Ab 2021, so ein Beschluss der Kultusministerkonferenz[70], dürfen die aus dem Pool entnommenen Aufgaben nur noch unverändert eingesetzt werden. »Das Problem wurde erkannt.«, möchte man froh gratulieren. Doch welche Chance auf Umsetzung hat ein solcher Beschluss unter den gegenwärtigen Bedingungen? Eine Frage, die auch die Kultusministerkonferenz beschäftigt. Folgende Unterschiede zwischen den Ländern, so ein Bericht, hätten den unveränderten Einsatz der Pool-Aufgaben bislang verhindert: Aufgabenstrukturen (einschließlich Gewichtung der Teilaufgaben), Inhalte, vorgegebene Wörterzahlen, Hilfsmittel und Operatoren.[71] Man möchte gar nicht wissen, wie viele Ressourcen in diesen Ermittlungsprozess geflossen sind. Im Fazit, und nun wird es wirklich abenteuerlich, wird ein modifizierter Zeitplan aufgestellt. Dieser räumt den Ländern bis 2025 eine Frist ein, innerhalb derer die Poolaufgaben auch weiterhin verändert werden dürfen. An dieser Stelle sollten wir uns vergegenwärtigen, wann die Arbeit an den Poolaufgaben begonnen hat: Bereits 2007 wurde festgelegt, einen Aufgabenpool zu entwickeln. Es gehen also fast 20 Jahre ins Land, bis der Pool seine Wirkung für ganze vier Fächer überhaupt entfalten *kann*, wobei dann noch immer nicht sicher ist, ob er das jemals tun wird. Denn – wie könnte es anders sein – selbst wenn die Länder die Aufgaben in Zukunft unverändert entnehmen, werden die Schüler in Deutschland kein einheitliches Abitur schreiben. Und zwar deshalb, weil es sich bei den »Aufgaben« großenteils nur um Teil- oder Wahlaufgaben handelt. Die Länder entscheiden weiterhin, welchen Anteil ihrer Abituraufgaben sie überhaupt mit Aufgaben aus dem Pool bestreiten.

Mehr Einsatz als Gewinn

Gekrönt wird das Ganze, wenn man sich anschaut, wie viele Ressourcen in diesen Aufgabenpool und die Erstellung der Abituraufgaben fließen. Wir haben in den Landesministerien nachgefragt. Die Antworten, so wir denn überhaupt welche bekamen, haben uns verblüfft. Wir können sie in etwa wie folgt zusammenfassen: An der Erstellung der Abiturprüfungsaufgaben arbeiten viele verschiedene Stellen, darunter zahlreiche Lehrkräfte, Fachreferenten aus Instituten sowie Mitarbeiter des Ministeriums. Da diese in ihren Funktionen auch noch mit vielen anderen Aufgaben beschäftigt sind, lassen sich die eingesetzten Ressourcen nicht genau beziffern.

Die einzige konkrete Auskunft aus unserer Länderabfrage wollen wir Ihnen nicht vorenthalten, sie stammt aus einem der kleinsten Bundesländer. Hier werden für die Erstellung der Abituraufgaben (landes- und bundesweites Abitur) 13,3 Lehrerstellen (bzw. 360 Anrechnungsstunden) sowie 6,7 Fachreferentenstellen bereitgestellt. Deren Arbeit wird durch zwei Sachbearbeiter in Vollzeit unterstützt. Es entstehen somit Kosten von über 1,5 Mio. Euro pro Jahr. Überträgt man diese Daten auf ganz Deutschland, dürfte allein das Erstellen der Abituraufgaben jedes Jahr mindestens 30 Mio. Euro, wahrscheinlich sogar mehr als 50 Mio. Euro kosten.

Während ein echtes Zentralabitur zu erheblichen Einsparungen führen würde, weil nicht mehr alle Länder für alle Fächer Aufgaben in Eigenregie erstellen müssten, führt die Idee des Aufgabenpools sogar zu noch höheren Ausgaben. Einerseits muss nun auch das IQB für seine koordinierende Tätigkeit bezahlt werden, andererseits entsenden die Länder weitere Lehrer in die Gremien des IQB zur Überprüfung der eingereichten Aufgaben. So viel Zeit, so viele Menschen – und wofür? Für eine Mogelpackung! Das, was uns als »Zentralabitur« verkauft wird, ist ein Aufgabenpool, dessen Wirksamkeit vollständig in der Willkür der Länder liegt.

Mogelpackung »Zentralabitur«

Warum funktioniert es dennoch so gut, diese Mogelpackung als »Zentralabitur« auszugeben? Weil vielen Menschen das Ausmaß des Labyrinths überhaupt nicht klar ist. Und das ist kein Zufall, sondern durchaus Absicht.

Deutlich wird das, wenn die politisch Verantwortlichen über das Zentralabitur sprechen. So berichtet Udo Michallik, seit 2011 Generalsekretär der Kultusministerkonferenz, dass die Länder gerade ihre Abiturprüfungsverordnungen ändern, um für mehr

Vergleichbarkeit zu sorgen.[72] Allerdings erwähnt er nicht, dass die KMK-Vorgaben jeweils nur Korridore (im Sinne von vorgegebenen Spielräumen) darstellen, in denen sich die Länder bewegen oder treffender: *auseinander*bewegen dürfen. Und genau diese ausgiebig genutzte Bewegungsfreiheit ist es, die zu dem Chaos führt, das wir beschrieben haben.

Oder nehmen wir Andreas Schleicher, der in seiner Funktion als Koordinator der PISA-Studien bei der OECD direkt in die Debatte zur Vergleichbarkeit der Abschlüsse in Deutschland verwickelt ist. Er betont, dass Vergleichbarkeit durch einen Aufgabenpool nur dann gegeben ist, wenn sich die Länder nicht unterschiedlich intensiv daran bedienen und sich nicht »leichtere« oder »schwerere« Aufgaben heraussuchen können.[73] Daran ist zweierlei verwunderlich: Erstens hat er das Prinzip der Modellhaftigkeit der Poolaufgaben ganz offenbar nicht verstanden. Zweitens dürfte es im Pool auf keinen Fall »leichtere« oder »schwerere« Aufgaben geben – das wäre ja das Gegenteil des Gewollten.

Oder aber Karin Prien, Bildungsministerin in Schleswig-Holstein: Auch sie betont, dass das Abitur vergleichbar sein müsse. Das könne man durch eine »konsequente Vereinheitlichung der Abiturprüfungsbedingungen« (ebd.) erreichen. Ihr Beispiel demonstriert besonders gut, was die ganze Debatte verschweigt: Nämlich, dass alle bisher beschriebenen Ungerechtigkeiten und Probleme völlig unabhängig von Aufgabenpool und Prüfungen weiterbestehen. Denn selbst wenn wir in allen Fächern bundesweit zentral gestellte Prüfungsaufgaben hätten und die Länder diese auch unverändert und ohne eigene Aufgaben bei gleicher Prüfungsdauer und gleichen Bewertungsmaßstäben nutzen müssten, wäre nicht sehr viel gewonnen. Der Aufgabenpool bezieht sich allein auf das schriftliche Abitur in den Kernfächern, mithin also in der Regel auf höchstens drei Prüfungen pro Schüler. Der »zentrale« Anteil beträgt, selbst wenn alle Schüler brav ausschließlich (unveränderte) Poolaufgaben lösten, bei fünf Prüfungen höchstens 60 Prozent. 60 Prozent von einem Anteil von ohnehin nur etwa 33 Prozent, mit dem die Prüfungen in die Abiturnote eingehen. Der Aufgabenpool ist vielleicht ein Riesenschritt für den Bildungsföderalismus, aber ein klitzekleiner für ein echtes Zentralabitur.

Zusammenfassend können wir festhalten: Weder führt der Aufgabenpool zu vergleichbaren oder gar gleichen Prüfungen noch werden die Unterrichtsinhalte an Deutschlands Schulen durch Bildungsstandards vereinheitlicht. Das Gegenteil ist der Fall. Führt der Staat seine Bürger derart in die Irre, kann man nur noch von Betrug sprechen. Ein Abiturbetrug, ersonnen, um der Bevölkerung Aktivitäten vorzutäuschen, die deren bildungspolitischen Erwartungen entsprechen. Allerdings geschieht dies nur zu einem Zweck: um die heilige Kuh des Bildungsföderalismus gegen den Willen der Bevölkerung vor ihrer Schlachtung zu bewahren.

Drei Antworten auf die Misere

Lassen wir das Bisherige noch einmal Revue passieren: Wir haben zwei grundlegende Probleme, den *Niveauverlust der gymnasialen Bildung* sowie die aus einem Mangel an Gleichwertigkeit resultierende *Ungerechtigkeit*. Als Lösung dieser Probleme wird uns ein angebliches Zentralabitur präsentiert. Das aber ist eine Täuschung und Irreführung, die auf einer inhaltsleeren Kompetenzblase basiert und einen Anteil von deutlich weniger als einem Drittel an der Abiturnote hat.

Nachdem dies alles nun auf dem Tisch liegt, fragt es sich: Wie weiter? Wir haben drei Antworten:

1. Der Bildungsföderalismus ist Unsinn und die Kultusministerkonferenz gescheitert. Fazit: Wir brauchen eine zentral gesteuerte Bildungspolitik!

2. Wir haben zu viele Abiturienten. Das System versinkt in Niveaulosigkeit. Fazit: Wir müssen die Anzahl der Abiturienten und damit auch Studenten deutlich reduzieren. Der kostenlose Kollateralnutzen hiervon wäre die Stärkung der beruflichen Bildung.

3. Ohne vergleichbare Unterrichtsinhalte ist keine zentrale Abiturprüfung möglich und somit auch keine Gerechtigkeit. Fazit: Wir brauchen einen bundesweit einheitlichen Bildungskanon.

Warum der Bildungsföderalismus Unsinn ist und wir eine zentralstaatlich gesteuerte Bildungspolitik brauchen

Widmen wir uns auf der Grundlage der bisher präsentierten Schadensbilanz noch einmal den anfänglich zitierten Standardargumenten und schauen, was nun noch davon übrig bleibt.

Das Totschlagargument Nationalsozialismus

Das moralisch wirksamste, aber sachlich am wenigsten überzeugende Argument für den Bildungsföderalismus ist die historische Erfahrung des Nationalsozialismus. Mehr als 70 Jahre nach Kriegsende verliert dieses Argument zunehmend an Überzeugungskraft. Und genau genommen war es eigentlich nie ein gutes Argument. Deutschland verfügte ja gerade vor dem Nationalsozialismus nicht über einen zentral, sondern föderal organisierten Staat. Wäre die Argumentation also richtig, hätte Hitler nie an die Macht kommen können. Ist er aber. So, wie es damals für Hitler und dessen Anhänger kein Hindernis war, aus einem föderalen Staat einen totalitären, zentralisierten Staatskörper zu schmieden, könnte auch der heutige Föderalismus Derartiges nicht automatisch verhindern. Nicht ein krampfhaftes Festhalten am Föderalismus, sondern nur die breite gesellschaftliche Akzeptanz von Menschenrechten, Demokratie und Rechtsstaatlichkeit können ein gesellschaftliches Bollwerk gegen totalitäre politische Bestrebungen sein. Das Nationalsozialismus-Argument ist daher sowohl sachlich als auch historisch falsch. Es spielt allein mit dem mulmigen Gefühl, man könnte auf der falschen Seite der Geschichte stehen, wenn man ihm nicht folgte. Zugespitzt: Gerade weil die Befürworter des Bildungsföderalismus wenige sachliche

Argumente auf ihrer Seite haben, greifen sie zu dieser historisch fragwürdigen Legitimierung. Sie verschieben die Debatte damit aber von einer nüchternen Sachebene auf die Ebene des Moralismus. Es handelt sich mithin um ein Totschlagargument.

Das Vielfalts-Argument

Wir kennen kein einziges sinnvolles Argument dafür, dass die Kinder und Jugendlichen des einen Bundeslandes zum Teil ganz andere Dinge in der Schule lernen sollen als in einem anderen Bundesland. Auch wenn es sicherlich hier und da kulturelle Besonderheiten einzelner Bundesländer gibt, sind die Gesetze der Mathematik und Mechanik in München und Hamburg dieselben wie in Rostock, Berlin oder Dresden. Und auch die Regeln der deutschen Grammatik unterscheiden sich nicht. Warum sollte es also keine einheitlichen Lehrpläne, Stundentafeln und Schulbücher in ganz Deutschland geben? Wenn daher im Rahmen der Debatte ein echtes Zentralabitur als »sozialistische Gleichmacherei«[74] gebrandmarkt wird, ist das populistische Polemik. Weder die Regeln der Mathematik noch die der Grammatik folgen politischen Ideologien.

Allerdings gibt es durchaus Fächer, bei denen eine regionale Differenzierung zur Pflege lokaler Kulturbestände sinnvoll sein kann. In Geschichte und Geografie ist das zum Beispiel der Fall. Das spricht aber nicht dafür, dass sich die Lehrpläne in den Ländern völlig unterscheiden müssen. Daraus lässt sich höchstens schlussfolgern, dass den Ländern in derartigen Fächern noch zu einem gewissen Umfang Gestaltungsmöglichkeit bleiben sollten. Außerdem gibt es noch das Phänomen regionaler Sprachen. Und selbstverständlich wollen wir weder bayerische Schüler mit Sorbisch noch sächsische mit Niederdeutsch beglücken. Doch für derartige regionale Spezialitäten – aber nur für solche! – lassen sich behutsam »Korridore« definieren, also Unterrichtszeit zur freien Ausgestaltung durch die Länder. Mitnichten also würde ein Zentralabitur die kulturelle Vielfalt der Länder untergraben. Und mitnichten muss diese ein Hindernis auf dem Weg zu einem echten Zentralabitur sein.

Das Wettbewerbsargument

Ebenso wenig überzeugend ist das Wettbewerbsargument, das häufig ins Feld geführt wird. Durch die Entscheidungsspielräume der Bundesländer soll ein Wettbewerb entstehen, bei dem die leistungsfähigeren Regionen belohnt werden. In Bezug auf das Abitur stellen sich hierbei jedoch sofort zwei Fragen: 1. Was bedeutet in diesem Falle »Leistungsfähigkeit« und wie wird sie miteinander verglichen? Ist leistungsfähig, wer möglichst viele Abiturienten »produziert«? Oder ist es das Bundesland, das seine Abiturienten mit möglichst guten Noten entlässt? Sind es jene, die das Niveau möglichst hochhalten wollen und deshalb weniger Abiturienten zum Abschluss führen? Und: Wie kann diese Leistung miteinander verglichen werden, wenn doch die Basis der Messung nicht die gleiche ist? 2. Was ist die Belohnung? Wer soll von der Belohnung eigentlich profitieren, die Schüler oder die Schule? Ist im letzten Fall die Belohnung eher eine höhere Schülerzahl oder eine niedrigere? Und im ersteren Fall: Besteht die »Belohnung« in hohem Niveau oder besserer Note?

Was außerdem am Wettbewerbsgedanken im Schulsystem irritiert, ist die Tatsache, dass fraglos Mobilitätsbereitschaft und überhaupt Mobilitätsfähigkeit vorausgesetzt wird. Gibt es denn Belege dafür, dass ganze Familien, und zwar nicht nur Einzelfälle, wegen des Abiturs in andere Bundesländer übersiedeln? Und wenn sie das tun: weil dort das Abitur ein höheres Niveau hat oder weil es leichter oder mit besseren Noten zu erwerben ist? Die Annahme, dass ganze Familien ununterbrochen verfolgen, welche bildungspolitischen Veränderungen gerade in welchem Bundesland stattfinden, um dann flugs die Koffer zu packen und umzuziehen, ist nicht überzeugend. Im Gegenteil, mit dem Wettbewerbsargument wird ganz unverfroren zugegeben, dass es Gnade der Geburt oder des Wohnorts ist, auf welcher experimentellen Spielwiese ein Schüler sich wiederfindet. Wie viele Familien kennen Sie, die des »besseren« Schulsystems wegen umgezogen sind? Wir kennen eigentlich nur jede Menge verhinderter Mobilität. Auch wenn die Bundesrepublik ein föderaler Staat ist, so bleibt sie doch *ein* Staat. Als solcher hat sie für Bildungsgerechtigkeit zu sorgen, also dafür, dass ein Schulabschluss überall die gleiche Wertigkeit besitzt. In der Sprache des Wettbewerbs: dass jeder dasselbe Produkt in gleicher Qualität zu gleichem Preis erhalten kann. Alles andere hat weder mit echtem Wettbewerb noch mit Bildungsgerechtigkeit zu tun.

Und genau das ist der Unterschied zu einem echten Wettbewerbsmodell: Beim Fahrunterricht zum Beispiel können Nachfrager tatsächlich aus einer großen Zahl von Anbietern auswählen. Für die Fahrschule wäre es theoretisch attraktiv, das Niveau oder die Anzahl der Fahrstunden und damit Kosten und Aufwand für die Fahrschüler zu senken, um möglichst viele Kunden anzuziehen. Allerdings würden diese schnell merken, dass sie die falsche Fahrschule ausgewählt haben: Sie würden die Prüfung nicht bestehen. Die theoretische Prüfung wird im Unterschied zur Schule bekanntermaßen per Zufall aus einem bundesweit einheitlichen Fragepool erstellt, ohne jede Möglichkeit zur Änderung durch die jeweilige Fahrschule. Und die praktische Prüfung wird von Externen abgenommen. Warum aber hält man es in Deutschland für nötig, dass selbst in der Fahrschule alle dasselbe lernen und gleicht geprüft werden – nicht aber beim Abitur?

Steuergeldverschwendung

Noch weitere Argumente sprechen gegen den Bildungsföderalismus. Die Unterschiedlichkeit der Stundentafeln und Lehrpläne etwa stellt eine enorme Verschwendung von Steuergeldern dar. In allen 16 Bundesländern wird in allen Fächern regelmäßig die Welt neu erfunden.

Das erzeugt einen riesigen bürokratischen Aufwand und kostet Millionen. Letztlich profitieren hiervon neben Nachhilfeinstituten vor allem die Schulbuchverlage. Denn da sich die Stundentafeln und Lehrpläne aller Länder voneinander unterscheiden, müssen es auch die Schulbücher tun. Anstelle bundesweit einheitlicher Lehrbücher wird von den Verlagen die Schulbuchwelt also in jedem Fach, jeder Jahrgangsstufe und jedem Bundesland regelmäßig an die neuesten Moden angepasst – mit erheblichen Kosten für die Schulträger, die Eltern und letztlich alle Steuerzahler. Einer der Autoren hatte als Bildungsminister von Mecklenburg-Vorpommern kurz nach seinem Amtsantritt daher das Ziel, die Lehrwerke zunächst in den Grundschulen zu vereinheitlichen. Seine Idee: Wenn Schulträger und Land mit einem bekannten Verlag, dessen Schulbücher sich in den ostdeutschen Grundschulen größter Beliebtheit erfreuen, einen Generalvertrag abschlössen, könnten möglicherweise andere Preise ausgehandelt werden. Noch wichtiger allerdings: Die Schulbildung in den Grundschulen könnte vereinheitlicht und die Fort- und Weiterbildung der Lehrkräfte erstmals seit der Wende effizient und wirksam organisiert werden, nämlich anhand der einheitlichen Unterrichtswerke. Er fuhr also zu diesem Verlag nach Berlin und unterbreitete sein Angebot. Das Gespräch verlief freundlich, aber ergebnislos. Man wolle sich das erst noch gründlich überlegen, hieß es. Lange Zeit erforderte das Nachdenken allerdings nicht. Schon wenige Tage später traf ein Brief des Verlages im Ministerium ein. In dem stand: Man lehne das Angebot selbstverständlich ab und habe umgehend alle anderen relevanten Schulbuchverlage Deutschlands von der Initiative in Kenntnis gesetzt – offenbar um zu verhindern, dass ein anderer Verlag die Offerte annimmt. Im Klartext: In kürzester Zeit entstand ein Absprachekartell zur Sicherung der Profite.

Der Vertreter eines Schulbuchverlages versuchte diesen Aspekt in anderem Rahmen etwas verdaulicher zu formulieren: »Nationale Schulbücher würden zum Verlust vieler Arbeitsplätze in den Verlagen führen, denn die Entwicklung von Medien für sechzehn Bundesländer gibt mehr Menschen Arbeit als die Entwicklung eines nationalen Lehrwerkes.«[75] Demnach soll auch völlig sinnlose Arbeit etwas Gutes sein. Eine bemerkenswerte Überzeugung, die ein wenig an den Ökonomen John Maynard Keynes erinnert. Der vertrat die Auffassung, dass es im Falle einer Wirtschaftskrise sinnvoll sein könne, Geldscheine in Flaschen zu stecken, diese in einem Bergwerk zu versenken und dieses mit Müll zu verfüllen, damit Arbeitslose die Flaschen wieder ausgraben.[76]

Das Niveauproblem

Einige Kritiker des deutschen Bildungswesens sind der Auffassung, dass schon das Zentralabitur auf Länderebene notwendig »aus politischen Gründen zur Senkung der Standards«[77] geführt habe und dies bei einem bundesweiten Zentralabitur noch schlimmer werden müsse. Allerdings hat diese Argumentation zwei Haken: Erstens ist sie empirisch falsch. Denn auch vor der schrittweisen Einführung des Zentralabiturs auf Länderebene in der Mitte des letzten Jahrzehnts stieg die Abiturientenquote Jahr für Jahr an und erreichte Werte, die sich durch die erbrachte Leistung oder die Intelligenzverteilung in der Bevölkerung nicht mehr rechtfertigen lassen. Bereits hier muss sich ein Niveauverlust eingestellt haben. Nicht das Zentralabitur, sondern die mangelnde Bereitschaft, im Rahmen der Kompetenztheorie ein angemessenes fachliches Niveau abzufordern, ist der Grund für den Niveauverfall des Abiturs. Zweitens ist dieses Argument im Kern getrieben von einem tiefen Misstrauen gegenüber Politik und staatlicher Bürokratie.

Verkannt wird hierbei, dass weder mit einem dezentralen noch mit einem zentralen Abitur anspruchsvolle Leistungsanforderungen notwendig einhergehen. Die Idee zentraler Prüfungen lässt ja zunächst vollkommen offen, welches Niveau den Schülern abverlangt wird. Sie sind folglich keine Garantie für ein niveauvolles Abitur, aber die Bedingung seiner Möglichkeit. Nicht mehr, aber auch nicht weniger.

Trotzdem ist das Misstrauen nachvollziehbar: Wenn die Abiturientenquote sinken würde, weil viele das Abitur nicht mehr bestehen, wäre das gewiss eine politische Herausforderung. Man darf begründet daran zweifeln, dass sich die Landesminister freiwillig auf dieses Pulverfass setzen. Der Grund ist nur allzu gut bekannt: Die nächsten Wahlen kommen bestimmt.

Vereinbarkeit von Familie und Beruf

Die Unterschiedlichkeit der Schulsysteme steht zudem mit den Mobilitätserfordernissen einer modernen Gesellschaft in Konflikt, vor allem mit der von Arbeitnehmern erwarteten Mobilität auf dem Arbeitsmarkt. Ziehen Eltern mit ihren Kindern aus

Jobgründen von einem Bundesland in ein anderes um, haben die Kinder mitunter erhebliche Anschlussprobleme. Mit dem Leistungsvermögen der Kinder hat dies häufig recht wenig zu tun. Eher mit den unterschiedlichen Stundentafeln und Lehrplänen. Die Folge hiervon sind private Kosten für Nachhilfe und leider bisweilen auch schlechte Zeugnisse.

Demokratietheoretisches Legitimationsproblem

Der Bildungsföderalismus in seiner heutigen Form ist auch für unser demokratisches Gemeinwesen ein Problem. Unabhängig davon, ob Bund, Länder oder Gemeinden für ein Politikthema zuständig sind, gibt es auf allen politischen Ebenen demokratische Beteiligungsverfahren, die öffentliche Kontrolle zur Folge haben. Ob Experten und Verbände angehört werden oder Abgeordnete in den Parlamenten über Gesetzestexten brüten – dies alles trägt zur Transparenz und demokratischen Meinungsbildung bei.

Die Kultusministerkonferenz hebelt derartige Verfahren allerdings häufig aus. Bei der Beschlussfassung über Unterlagen gibt es überwiegend keine geregelten Beteiligungsverfahren. Die Beschlüsse werden in Hinterzimmern unter Hinzuziehung handverlesener Experten erstellt und anschließend beschlossen. Lehrergewerkschaften oder Professorenverbände haben selten Gelegenheit, im Vorfeld Stellung zu nehmen.

Hat die Kultusministerkonferenz einmal einen Beschluss gefasst, zum Beispiel über die Anerkennung von Schulabschlüssen, geht das Aushebeln demokratischer Beteiligungsrechte weiter. Die Kultusminister fahren nun in ihre Länder und müssen ihre Abgeordneten von der Richtigkeit des Beschlusses gar nicht mehr überzeugen. Folgender Hinweis genügt: »Wenn Ihr nicht mitmacht, gefährdet das die bundesweite Anerkennung unserer

Schulabschlüsse.« Über diese Nötigungen werden die Rechte der eigentlich für bildungspolitische Fragen zuständigen Landtagsabgeordneten verletzt. Das gilt zwar nicht formal, aber faktisch.

Das Gleichbehandlungsproblem

Das wohl wichtigste Argument *für* ein möglichst einheitliches Schulsystem in Deutschland aber lautet, dass das bestehende System in einem staatspolitischen Sinne zutiefst ungerecht ist. Das Grundgesetz garantiert jedem Bürger und jeder Bürgerin die Gleichbehandlung vor dem Gesetz, gleichwertige Lebensverhältnisse sowie das Grundrecht auf Berufswahlfreiheit. Das Bundesverfassungsgericht fordert deshalb von unseren bildungspolitischen Organen eine »gleichheitsgerechte Zulassung zum Studium«.[78]

Das Entscheidungskriterium für die Aufnahme in einen zulassungsbeschränkten Studiengang ist in Deutschland in der Regel und vor allem der Abiturdurchschnitt. Wenn aber die Anzahl der Unterrichtsstunden und Fächer, das Anforderungsniveau sowie die Inhalte der Fächer und Prüfungen, die Anrechnungsverfahren der einzelnen Fachnoten auf den Gesamtnotendurchschnitt, die Regeln bei der Zulassung zur Abiturprüfung sowie die Notenmaßstäbe zwischen den Ländern unterschiedlich sind, führt dies zwingend zu nicht gleichwertigen Abiturnoten. Die Folge hiervon ist staatlich organisierte Ungerechtigkeit beim Zugang zu Wunschstudium und -studienort.

Diese Tatsache ist die mit Abstand schwerwiegendste Folge, die das uneinheitliche, föderale Bildungssystem mit sich bringt. Es beschneidet die Lebenschancen junger Menschen, erzeugt im staatlichen Handeln gegenüber den Bürgern unnötig Ungerechtigkeiten und verletzt stillschweigend immerfort verfassungsmäßige

Grundrechte. Ohne ein einheitliches, zentral gesteuertes und tatsächlich gleichwertiges Abitur gibt es keine Gleichbehandlung der Bürger, keine gleichwertigen Lebensverhältnisse und keine wirkliche Freiheit der Berufswahl – also keine Gerechtigkeit in einem der für den Staat wichtigsten Aufgabenfelder.

Die Befunde sind so eindeutig wie befremdlich: Deutschlands Bevölkerung spürt, dass das deutsche Bildungssystem ungerecht ist. Und damit ist nicht die soziale Benachteiligung gemeint, die Kinder aus ärmeren Elternhäusern erfahren und die staatlich nur bedingt zu bekämpfen ist. Zu dieser ohnehin schon bestehenden Bildungsungerechtigkeit fügt der deutsche Staat ohne Not weitere Ungerechtigkeiten hinzu, indem er das Bildungswesen schlecht organisiert. Die Beseitigung dieser Ungerechtigkeiten ist ohne Abschaffung des heutigen Bildungsföderalismus nicht zu haben.

Warum wir zu viele Abiturienten haben und deshalb die Quote halbieren müssen

Welche Abiturientenquote wäre eigentlich die richtige? Diese Frage ist natürlich nicht unabhängig davon zu beantworten, welches Ziel mit diesem Abschluss eigentlich verfolgt wird. Das Abitur soll vor allem auf ein Hochschulstudium vorbereiten, sagt selbst die Kultusministerkonferenz. Ein Hochschulstudium wiederum ist überwiegend ein wissenschaftliches Studium. Um es erfolgreich absolvieren zu können, sind überdurchschnittliche Fähigkeiten zum logischen Denken und zum Planen, zum Problemlösen und zum Verstehen komplexer Ideen, zum raschen Auffassen und zum Lernen aus Erfahrung erforderlich.[79] Kurz: ein bestimmtes Leistungsniveau darf nicht unterschritten werden.

Die Politik geht anders an diese Frage heran. Seit vielen Jahren bekennt sie sich dazu, dass »*mindestens* 40 % eines Altersjahrgangs für ein Hochschulstudium«[80] gewonnen werden sollen. Da aber nicht alle Abiturienten auch studieren wollen, muss die Hochschulreifequote somit über 40 Prozent betragen. Das ist in Deutschland inzwischen auch der Fall. Begründet wird diese Zahl dabei einfach mit den Durchschnittswerten anderer Länder. Es ist also eine rein politische Entscheidung. Allerdings müssen sich auch die Politiker der anderen Länder die Frage nach der angemessenen Höhe der Abiturientenquote stellen. Wenn jedes Land auf den internationalen Durchschnitt verweist, dreht sich die Begründung einfach im Kreis. Wir wissen dann noch immer nicht, ob das allgemein Übliche richtig ist. Anders gesagt: Natürlich können auch *alle* gleichzeitig denselben Fehler begehen.

Wir sind davon überzeugt, dass die Zahl an Abiturienten zu hoch und genau dies einer der wesentlichen Auslöser für den Niveauverfall an Gymnasien und Hochschulen ist. Die Zahl der Abiturienten muss halbiert werden, wenn das Abitur wieder ein echtes Abitur sein soll. Und dafür gibt es sachliche Argumente.

Beredtes Schweigen im Walde

Es ist erstaunlich: Die Kultusministerkonferenz selbst wollte unbedingt die Outputsteuerung einführen, um dadurch in ganz Deutschland ein vergleichbar (hohes) Niveau zu sichern. Regelmäßige Leistungsüberprüfungen sollten dabei behilflich sein. Allerdings werden die schulabschlussbezogenen Leistungen in den Ländern kurioserweise gar nicht überprüft. Das beklagen selbst jene Wissenschaftler, die sich diese Form der Schulsteuerung einstmals ausgedacht hatten.[81] Auch die Outputsteuerung erweist sich also letztlich als Fake.

Zudem, und das ist offenbar nicht zu unterschätzen, schlummert in dieser Outputsteuerung für alle Bundesländer eine große

Gefahr: Nämlich die, dass die Länderunterschiede im Leistungsniveau der Schüler für die Öffentlichkeit offensichtlich werden.
Um das zu verhindern, werden die Untersuchungen meist so
durchgeführt, dass sie keine Aussagekraft haben. Oder sie werden
einfach unter Verschluss gehalten.

Nehmen wir zum Beispiel PISA. Lediglich bis zum Jahr 2006
wurde das Leistungsniveau der Neuntklässler länderweit repräsentativ überprüft. Das führte zu großen Diskussionen – insbesondere
in den Bundesländern mit schlechten Leistungen. Seitdem nehmen
in jedem Bundesland deshalb nur noch so wenige Schüler teil, dass
keine aussagekräftige Stichprobe entsteht. Mit anderen Worten:
Die Ergebnisse sind schulpolitisch im Grunde wertlos. Mit TIMSS
(Trends in International Mathematics and Science Study), einem
internationalen Schülerleistungsvergleich in Mathematik und
Naturwissenschaften, verhält es sich ähnlich. Auch hier sind keine
Vergleiche zwischen den Bundesländern möglich.

Bei VERA (VERgleichsArbeiten) hingegen ist das anders. Jährlich erheben die Bundesländer in den dritten und achten Jahrgangsstufen insbesondere in den Fächern Deutsch und Mathematik flächendeckend Leistungsdaten der Schüler. Daraus ließe
sich wirklich regelmäßig ein aussagekräftiger Bundesländerver-
gleich erstellen. Aber das wiederum funktioniert nicht, weil die
Daten von den meisten Ländern unter Verschluss gehalten werden. Warum? Ganz einfach: Eben damit man sie nicht miteinander vergleichen kann. Man hätte ansonsten ja jedes Jahr eine
bildungspolitische Debatte am Hals. Lediglich die Leistungsüberprüfungen des IQB für die vierten und neunten Jahrgangsstufen
liefern öffentlich zugängliche und repräsentative Länderdaten.
Aber die finden nur alle paar Jahre in wenigen Fächern statt. Das
lässt sich politisch noch verkraften.

Was es aber *gar nicht* gibt, sind *schulabschluss*bezogene Tests für
den Hauptschulabschluss (Berufsreife), den Realschulabschluss

(Mittlere Reife) und das Abitur (Hochschulreife). Aber genau das wäre bei einer echten Outputsteuerung der eigentlich entscheidende Punkt: nämlich den Bildungserfolg wirklich zu messen. Warum es das nicht gibt, ist offensichtlich: Die Kultusministerkonferenz fürchtet nichts so sehr wie solche Studien, weil der Öffentlichkeit dann alljährlich das ganze Debakel erklärt werden müsste.

Allerdings gibt es Einzelstudien, die uns ein Gefühl für die Misere im Abitur vermitteln können. Noch *vor* Veröffentlichung der ersten PISA-Studie wurden unter anderem die Leistungen in Mathematik repräsentativ überprüft. Offenbar ahnten die Kultusministerien damals noch nicht, worauf sie sich eingelassen hatten. Die Befunde waren *desaströs*. Nicht nur schnitten die deutschen Abiturienten im internationalen Vergleich schlecht ab, sondern 70 Prozent von ihnen verfehlten das eigentlich mit einem Abitur verbundene Leistungsniveau sogar.[82] Sie haben richtig gelesen: 70 Prozent!

Seither hat es keine weitere vergleichbare Untersuchung für ganz Deutschland gegeben. Warum nicht, kann man sich denken. Aber für die Länder Baden-Württemberg und Hamburg wurden Einzelstudien durchgeführt – mit vergleichbaren Befunden.[83] Die aktuellste Studie befasst sich mit Schleswig-Holstein.[84] Angesichts des Anstiegs der Abiturientenzahlen in Schleswig-Holstein stellten Köller und Kollegen, die Autoren der Studie, die beiden auf der Hand liegenden Fragen:

1. Können »bei einer so weit fortgeschrittenen Öffnung [des gymnasialen Bildungsganges, d. A.] überhaupt noch fachliche Standards, welche die Vergabe der Hochschulreife legitimieren, von breiten Teilen der Schülerschaft erreicht werden«?[85] Hält das Abitur also noch, was es verspricht?
2. Kann das Abitur noch gerecht sein, wenn »hinter identischen Notenstufen im Abitur zum Teil eklatant unterschiedliche

Leistungsniveaus in einzelnen schulischen Fächern standen und stehen«?[86]

Auch die neueren Befunde für Schleswig-Holstein sind so wie die der TIMS-Studie *desaströs*. Nur eine Minderheit der Abiturienten erreichte den von der Kultusministerkonferenz festgelegten Regelstandard des Abiturs, der eigentlich – es ist ja der *Regel*-Standard – von einer Mehrheit der Schüler hätte erreicht werden müssen: in Mathematik waren es 25 Prozent, in den Naturwissenschaften 20 Prozent und in Englisch 20 bzw. 30 Prozent im Lese- bzw. Hörverstehen. Die Daten offenbaren dabei ein weiteres Problem: Die tatsächlichen Leistungen der Abiturienten weichen nicht nur zwischen den Ländern, sondern auch innerhalb der Länder massiv voneinander ab. So gibt es in Schleswig-Holstein zehn verschiedene Typen gymnasialer Bildung. Bei den Naturwissenschaften besteht zwischen dem Gymnasium mit naturwissenschaftlichem Profil und dem Zweig Gesundheit ein Leistungsunterschied, der ganzen fünf Schuljahren entspricht. Mit anderen Worten: Hier erreichen die Abiturienten nicht einmal das Niveau der zehnten Klasse.

Da Schleswig-Holstein bei den Schulleistungstests der Neuntklässler einen mittleren Platz erreicht, gehen Köller und Kollegen davon aus, dass die Befunde ihrer Studie etwa dem Durchschnitt Deutschlands entsprechen und in manchen Ländern besser, in anderen noch schlechter ausfallen dürften.[87] Ähnlich hatten auch wir schon mit Blick auf die unerklärlichen Unterschiede zwischen den Abiturientenquoten der Länder argumentiert. Die weit überwiegende Mehrheit der deutschen Abiturienten verfehlt also das erwartete Abiturniveau deutlich und erhält trotzdem den Abschluss. Spätestens jetzt müssen wir nicht mehr fragen, warum die Kultusministerkonferenz im Zweifelsfalle auf die von ihr selbst viel gepriesene Outputsteuerung lieber verzichtet.

Nun kann man ganz unterschiedliche Vermutungen darüber anstellen, woran das Auseinanderklaffen zwischen Anspruch und Wirklichkeit liegt und was folglich getan werden müsste, um die Lücke zu schließen. Wir sehen im Grunde nur vier Möglichkeiten:

1. könnte es an den Strukturen liegen, die nicht geeignet sind, die Schüler an die Ziele des Unterrichts heranzuführen. Köller und Kollegen haben diese Frage an ihrer Studie zumindest teilweise untersucht und kommen zu einem abschlägigen Ergebnis.[88] Daran liegt es also nicht.

2. könnte man die Schuld auf eine zu geringe Ressourcenausstattung schieben. Wenn die Schüler also in kleineren Klassen besser gefördert würden, ließe sich das Leistungsniveau an die Regelstandards heranführen. Aus der empirischen Bildungsforschung wissen wir nun aber, dass eine verbesserte Ressourcenausstattung durchaus Effekte haben kann, diese aber so klein sind, dass sich die Lücke dadurch niemals schließen lässt.[89] Auch diese Option scheidet also aus.

3. könnten die Lehrer einfach zu schlecht sein. Würden sie besseren Unterricht erteilen, fiele es den Schülern leichter, die Unterrichtsziele zu erreichen. Nun ist es zwar wahr, dass die Qualität des Unterrichts entscheidenden Einfluss auf die Lernerfolge der Schüler ausübt. Aber auch hier ist es unwahrscheinlich, dass sich allein durch Verbesserung der Unterrichtsqualität das Problem lösen ließe. Um die Ziele auf diesem Wege erreichen zu können, müssten ja etwa drei Viertel der Lehrer in Schleswig-Holstein bisher katastrophal schlechten Unterricht erteilt haben. Eine derartige Annahme wäre nicht nur ehrabschneidend, es gibt für sie auch keinerlei empirischen Beleg.

4. könnte es aber auch einfach so sein, dass nur ein bestimmter Anteil der Bevölkerung zu überdurchschnittlichen Leistungen, wie sie für ein Studium gefordert werden, in der Lage ist und wir folglich einfach zu viele Abiturienten haben. Es liegt im

Wesentlichen nicht an den Strukturen, am Geld oder an den Lehrern – sondern womöglich einfach an den Schülern selbst.

Diese ganz einfache, aber harte vierte Möglichkeit wird von kaum jemandem auch nur in Erwägung gezogen. Auch von Köller und Kollegen nicht. Trotz der desaströsen Befunde halten sie eine weitere Steigerung der Abiturientenquote gar für »wünschenswert«.[90] Diese Haltung von Köller und Kollegen zu dieser Frage ist kein Einzelfall. Im Prinzip weichen Bildungspolitik und Bildungsforschung dieser naheliegenden Frage sogar komplett aus. Zur Überprüfung der Ergebnisse des deutschen Bildungssystems geben Bund und Länder zum Beispiel alle zwei Jahre einen Nationalen Bildungsbericht in Auftrag. Das verursacht jährlich Kosten in Höhe von einer halben Million Euro. Führende deutsche Bildungsforscher analysieren in ihm die Lage des Bildungssystems. Im Bericht für das Jahr 2018 wird die Entwicklung der Abiturquote analysiert und vorausgesagt, dass mit einem weiteren Anstieg zu rechnen sei.[91] Eine kritische Würdigung dieser Entwicklung und der mit ihr verbundenen Probleme sucht man darin jedoch vergeblich.

Das gleiche Bild bietet die Analyse der Absolventen- und Abbrecherdaten im Hochschulbereich. Nüchtern wird festgestellt, dass im Bereich der Bachelorstudiengänge Abbrecherquoten von rund 30 Prozent und im Masterbereich von rund 20 Prozent festzustellen sind – letztere steigen sogar stark an. Auch hier kein kritisches Wort zu den Gründen und Folgen dieser Entwicklung.[92] Und das, obwohl jeder Student und somit auch jeder künftige Studienabbrecher den Steuerzahler jährlich etwa 10.000 Euro kostet.

Dass die Politik dieses Problem lieber ignoriert, verwundert kaum, schließlich will jeder Politiker wiedergewählt werden. Aber warum fragt die Wissenschaft nicht nach den Gründen für dieses Versagen?

Trick 17 mit Selbstüberlistung

Die Wissenschaft kann der Frage aus dem Weg gehen, weil sie bereits eine fünfte »Lösung« für das Problem entwickelt hat. So schlagen Köller und Kollegen vor, einfach die Zielerwartung für die leistungsschwachen Abiturienten auf den Mittleren Schulabschluss (MSA), also auf das Niveau der 10. Klasse, zu reduzieren: »Welches sind die Ziele mathematischen Unterrichts, die jede Abiturientin/jeder Abiturient erreichen sollte? Eventuell sind diese Ziele bereits in den Bildungsstandards für den MSA definiert.«[93] Das ist *kein* Scherz, sondern ernst gemeint. Und dadurch, dass das erwartete Zielniveau für die schwachen Schüler einfach nach unten korrigiert wird, erreichen plötzlich nicht mehr nur rund ein Viertel aller Abiturienten das Abiturniveau, sondern fast alle. Man muss sich auf der Zunge zergehen lassen, was das bedeutet: Die Schüler bekommen mehr Zeit, um das Niveau der Mittleren Reife zu erreichen und erhalten dafür zur Belohnung ein Abiturzeugnis.

In so entlarvender Offenheit haben bisher nicht einmal Politiker öffentlich diskutiert, die Leistungsprobleme von Abiturienten durch bloße Manipulation der an sie herangetragenen Leistungserwartungen zu beheben. Wenn sich allerdings an der Realität gar nichts ändert, sondern bloß die Testergebnisse an die betrübliche Realität angepasst werden, kann man sowohl auf die Outputsteuerung als auch auf die damit verbundenen Kosten verzichten. Man kann die Bevölkerung auch auf kostengünstigere Weise in die Irre führen. Wenn wir zum Beispiel das mit dem Abitur erwartete Niveau auf Grundschulniveau festlegten, könnten wir eine Abiturientenquote von über 90 Prozent erreichen. Und wenn wir das Abitur einfach mit der Geburtsurkunde überreichen würden, hätten sogar alle Schüler das Abitur bestanden, könnten studieren und wir hätten die totale Gerechtigkeit im Schulsystem erreicht.

Köller und Kollegen analysieren in ihrer Studie klar und schnörkellos die Lage: Das Abiturzeugnis verbürgt heute nicht mehr das für ein Abitur eigentlich erforderliche Niveau. Darüber hinaus erzeugt das real existierende Abitur sowohl zwischen den Ländern als auch innerhalb der Länder massive Ungerechtigkeiten. Schüler, die völlig unterschiedliche Leistungsniveaus erreichen, erhalten nicht nur jeweils das Abiturzeugnis, sondern außerdem fast identische Noten. Diese Analyse ist überzeugend und richtig. Die Vorschläge derselben Wissenschaftler allerdings stehen dazu in schreiendem Widerspruch. Die Probleme werden durch sie nicht gelöst, sondern im besten Falle versteckt oder sogar noch verschärft.

20 Prozent sind genug

Die plausibelste und ehrlichste Erklärung für die Leistungsprobleme im heutigen System ist eine zu hohe Zahl an Abiturienten. Will man verhindern, dass ein großer Anteil von ihnen scheitert, muss man die Latte zwangsläufig tief hängen. So einfach ist das. Angesichts der bestehenden Schulleistungsbefunde sprechen wir uns daher dafür aus, das Niveau und vor allem die Bestehensbedingungen so neu zu bestimmen, dass sich die Abiturientenquote auf 20 Prozent halbiert.[94] Diese Zahl ist dabei natürlich nicht das eigentliche Ziel, sondern lediglich ein empirisch abgeleitetes Hilfskriterium.

Machen wir uns dazu noch einmal die Ausgangslage klar: Es ist ja nicht so, dass die von der Kultusministerkonferenz erwarteten fachlichen Leistungsstandards so niedrig wären, dass sie von allen Abiturienten mühelos bewältigt werden könnten. Das Gegenteil ist der Fall: Die Kultusministerkonferenz hat fachliche Standards für das Abitur definiert. Zumindest in den Fächern Deutsch,

Masse oder Niveau?

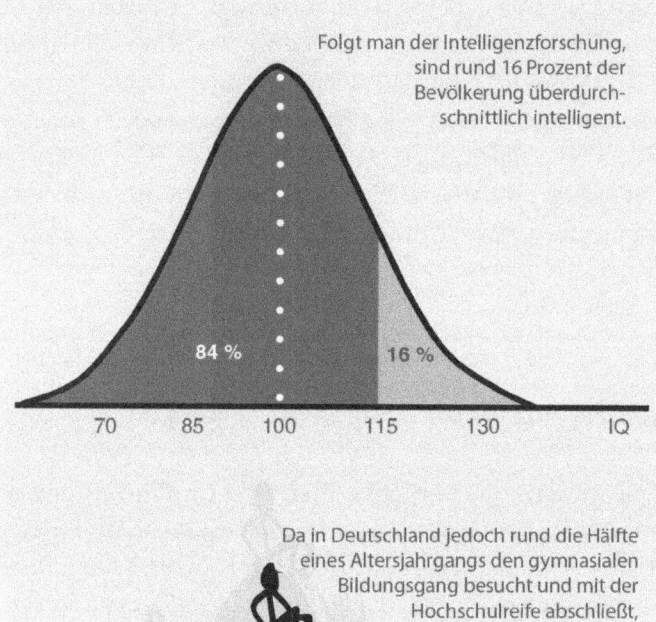

Folgt man der Intelligenzforschung, sind rund 16 Prozent der Bevölkerung überdurchschnittlich intelligent.

84 %

16 %

70   85   100   115   130   IQ

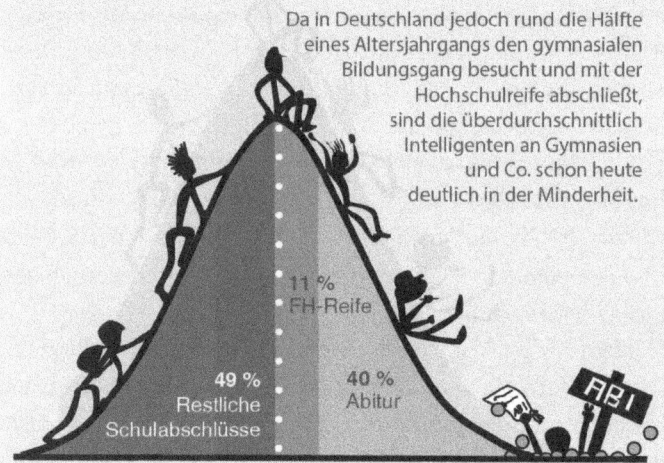

Da in Deutschland jedoch rund die Hälfte eines Altersjahrgangs den gymnasialen Bildungsgang besucht und mit der Hochschulreife abschließt, sind die überdurchschnittlich Intelligenten an Gymnasien und Co. schon heute deutlich in der Minderheit.

11 %
FH-Reife

49 %
Restliche
Schulabschlüsse

40 %
Abitur

ABI

Mathematik und Englisch sowie Französisch in Form von sogenannten »Regelstandards«. Und *obwohl* selbst diese Standards nur von rund zehn Prozent eines Altersjahrgangs erreicht werden, machen viermal so viele das Abitur. Das hat zwei Gründe. Erstens den, dass sich die Schüler durch zahlreiche Wahlmöglichkeiten und Schlupflöcher selbst dann ein Abitur »erarbeiten« können, wenn sie ihm intellektuell eigentlich nicht gewachsen sind. Und zweitens den, dass die Bundesländer das letztlich abgeprüfte Fachniveau sowie die Bestehensbedingungen weitreichend manipulieren können. Wenn Köller und Kollegen also zu dem Ergebnis kommen, dass nur rund 10 Prozent der Schüler eines Altersjahrganges in den Kernfächern überhaupt die gültigen *Regelstandards* des Abiturs erreichen, darf die Abiturientenquote die Marke von 20 Prozent eigentlich nicht überschreiten. Andernfalls würde ja nur eine Minderheit der Abiturienten die *Regel*standards des Abiturs erfüllen.

Interessanterweise deckt sich dieser Vorschlag mit den Befunden der Intelligenzforschung. Auch Elsbeth Stern und Aljoscha Neubauer kommen zu dem Ergebnis, dass ein angemessenes Abitur nur möglich ist, wenn die Abiturientenquote auf etwa 20 Prozent begrenzt wird.[95] Ein Abitur, das über 40 Prozent eines Altersjahrgangs bestehen, kann nach diesen Forschungsergebnissen keine Leistungsfähigkeit im überdurchschnittlichen Bereich abfordern und somit nicht angemessen auf ein Hochschulstudium vorbereiten. Da das deutsche Hochschulwesen mit den Fachhochschulen jedoch auch eine auf die Praxis abzielende wissenschaftsbezogene Ausbildung kennt, dürfte auch eine zusätzliche Fachhochschulreife-Quote von fünf bis zehn Prozent sinnvoll sein. Allerdings wären auch hier Niveau und Bestehensbedingungen neu zu bestimmen.

Dies wäre ohne Zweifel ein drastischer, aber sachlich begründeter Eingriff in das Bildungssystem zu seiner Niveausicherung und zur Herstellung von wirklicher Bildungsgerechtigkeit. Ein vergleichbarer Rückgang bei den Hochschul*absolventen* wäre indes nicht zu befürchten. Stattdessen dürften sich die tatsächlichen Studienzeiten und Studienabbrecherquoten deutlich verringern.

Dabei müssten die von uns vorgeschlagenen 20 Prozent nicht einmal in Stein gemeißelt werden und für immer so bleiben. Sollte sich bei einem definierten Niveau durch optimale Förderung der Schüler zeigen, dass sich die Abiturientenquote auch auf über 20 Prozent steigern lässt – und zwar ohne Hintertürchen und Noteninflation –, hätten wir ganz und gar nichts dagegen. Aber wir halten es für nicht sehr wahrscheinlich.

Warum wir einen Bildungskanon brauchen

Im Jahre 2010 ließ der Wissenschaftsdidaktiker Hans-Peter Klein in Nordrhein-Westfalen eine Abituraufgabe zum Thema Streifenhörnchen im Fach Biologie von einer darauf unvorbereiteten neunten Klasse schreiben. Das Ergebnis: Fast alle kamen durch. Ganz ohne Fachwissen aus der Oberstufe. Und das in der neunten Klasse. Wie das geht? Ganz einfach: Die richtigen Antworten waren nahezu vollständig in der Aufgabenstellung enthalten. Es reichte also völlig aus, sinnentnehmend lesen zu können und Teile der Aufgabenstellung einfach abzuschreiben.[96] Wenig später gab es in Hamburg eine Seeelefanten-Aufgabe. Und Sie ahnen bestimmt, wie man die lösen musste.

Für Klein war das Anlass, die Abituraufgaben der Länder über einen längeren Zeitraum hinweg unter die Lupe zu nehmen. Der Verdacht: Die unterschiedlich hohen Abiturientenquoten der Länder sind auch eine Folge unterschiedlicher Anforderungsniveaus. Und: Im Laufe der Jahre muss das Niveau parallel zur steigenden Abiturientenquote immer weiter heruntergeschraubt worden sein.

Die Untersuchung gestaltete sich schwierig. Zahlreiche Länder rückten Abituraufgaben *und* Bewertungsvorgaben nämlich einfach nicht heraus. Man muss sich das auf der Zunge zergehen lassen: Die mit Steuergeldern finanzierte staatliche Verwaltung verweigert mit Steuergeldern finanzierten Wissenschaftlern die erforderlichen Unterlagen, um so eine unabhängige Untersuchung der Güte des deutschen Abiturs zu verhindern. Was gibt es da zu verbergen?

In einigen Ländern jedoch gelang es Klein und seinen Kollegen schlussendlich, die erforderlichen Unterlagen zu beschaffen. Und deren Analyse offenbart den Grund für die Verweigerungshaltung der anderen Länder. Nicht nur lässt sich für das Fach Biologie im zeitlichen Verlauf ein massiver Niveau*verlust* feststellen. Besonders bemerkenswert sind die Niveau*unterschiede* zwischen den Ländern. So manipulieren die Länder den Schwierigkeitsgrad *ihrer* zentralen Abiturprüfungen zum Beispiel einfach dadurch, dass sie ihren Schülern unterschiedlich viele Prüfungsfelder abverlangen: Während Mecklenburg-Vorpommern von seinen Schülern Kenntnisse in sechs Teilgebieten der Biologie fordert, sind es in Hamburg lediglich drei, aus denen die Schüler auch noch zwei selbst auswählen und so ihre Prüfungsvorbereitung optimieren dürfen. In Bremen ist es allerdings schon länger so, dass sich die Schüler ohnehin nur auf zwei Themengebiete vorbereiten müssen.[97] Die unterschiedlich hohen Abiturientenquoten der Länder hängen also auch von unterschiedlichen Anforderungsniveaus ab.

Der wichtigste Schalthebel für ein gerechtes und vergleichbares Abitur ist daher nicht die Angleichung von Strukturen. Wenn in denselben Strukturen unterschiedliche Inhalte auf unterschiedlichem Niveau gelehrt und abgeprüft werden dürfen, wird der Manipulation durch die Länder Tür und Tor geöffnet. Im Zentrum aller Probleme steht damit das Fehlen deutschlandweit verbindlicher Unterrichtsinhalte, also eines Kanons gymnasialer Bildung. Führen wir uns, um dies zu belegen, kurz die grundsätzlichen Aufgaben von Schule vor Augen:[98]

Schule als Botschafterin zwischen den Generationen und Epochen: Die Schule überliefert die relevanten Wissensbestände und die Kultur einer Gesellschaft an die nachfolgende Generation. Ob es um grundlegende Kulturtechniken oder ethisch-politische Überzeugungen geht: In der Schule erlangen Schüler zum einen *kulturelle Identität,* zum anderen werden sie hier mit Wissen, Kultur und Werten bekannt gemacht, die ihnen die *Teilhabe* an der Gesellschaft ermöglichen. Das berührt auch Fragen der Gerechtigkeit: Die Schüler erhalten so unabhängig von den Voraussetzungen in ihren jeweiligen Familien die Möglichkeit, sich kulturelle Errungenschaften anzueignen. Die Heranführung von Kindern an wichtige Kulturbestände ist auch deshalb so bedeutsam, weil dieses »kulturelle Hintergrundwissen«[99] ein Bindemittel der Gesellschaft ist.

Schule als Schaltzentrale für gesellschaftliche Positionen: Natürlich soll Schule auch qualifizieren, das heißt den Schülern Kenntnisse und Fertigkeiten vermitteln. Mittels Bewertung hat die Schule die Funktion eines Relais: Sie soll die Schüler an die für sie geeignete Stelle auf dem Arbeitsmarkt bringen. Schule entscheidet also mit darüber, an welche Stelle im sozialen Gefüge Menschen im Laufe ihres Lebens gelangen können. Der Sinn von Noten, Zeugnissen und Abschlussprüfungen ist – ein vernünftig organisiertes System vorausgesetzt – eine optimale und sachgerechte Passung zwischen individuellem Leistungsvermögen und späterer beruflicher Laufbahn. Dies ist nicht nur wichtig für die individuellen Lebenschancen, sondern auch für das Funktionieren einer hoch arbeitsteiligen Wirtschaft. Seit rund 200 Jahren entscheidet in Deutschland das Abitur über den Hochschulzugang.

Damit ist das öffentlich getragene Schulsystem mit seiner Schulpflicht nicht nur eine demokratische Errungenschaft, sondern zugleich eine *Gerechtigkeitsmaschine*: Die Lebenswege des Einzelnen sollen nicht mehr in erster Linie durch ererbte Privilegien und soziale Beziehungen, sondern durch individuelle Begabung und Leistungsbereitschaft bestimmt werden. Wie weit aber ist es mit dieser Gerechtigkeit tatsächlich her, wenn es keine Verbindlichkeit bei den Wissens- und Kulturbeständen gibt? Anders gefragt: Welche Folgen hat es, wenn die eine Schule etwas lehrt, das in einer anderen im Unterricht gar nicht vorkommt? Ganz einfach: Dann fehlt den Schülern möglicherweise wichtiges Wissen zur gesellschaftlichen Teilhabe, weil sie von bestimmten Kulturbeständen nie etwas gehört haben. Oder was passiert, wenn in einer Schule das Abitur für einen Wissensbestand ausgehändigt wird, der in einer anderen Schule nicht gereicht hätte? Dann erhalten möglicherweise Menschen zu wichtigen gesellschaftlichen Positionen Zugang, die anderen verschlossen bleiben, obwohl diese viel besser qualifiziert sind. Beide Fälle sind nicht nur ungerecht für die betroffenen Schüler, sondern mindestens ebenso abträglich für die Gesellschaft, also für uns alle.

Warum aber tun sich Bildungspolitiker und -wissenschaftler mit einem Bildungskanon so schwer? Schauen wir uns die Debatte und ihre zentralen Argumente genauer an. Auch hier müssen wir zunächst einen Schritt zurücktreten. Nämlich zu der Frage, was eigentlich unter »Bildungskanon« zu verstehen ist. *Wir* verstehen darunter für die Schule bundesweit verbindlich festgelegte Unterrichtsfächer einschließlich ihrer Inhalte (und Ordnungsstrukturen). So verstehen es aber längst nicht alle Teilnehmer der Debatte. Die Diskussion über einen Kanon ist ähnlich konfus und undurchsichtig wie die über das Zentralabitur. Dabei werden gegen einen Bildungskanon im Wesentlichen drei Argumente vorgebracht:[100]

1: Die Welt sei zu bunt geworden und man könne sich selbst unter Wissenschaftlern nicht über das relevante Wissen einigen. Ein Bildungskanon sei daher nicht mehr zeitgemäß.

Ganz unzweifelhaft ist es alles andere als einfach, einen Extrakt des Wissenswerten auszuwählen. Darüberhinaus nützt es wenig, Wissen anzuhäufen, ohne es anwenden zu können. Das Problem der unbeherrschbaren Fülle sowie der Praxisferne des Wissens sollen nun die »Kompetenzen« lösen, an die Stelle des Wissens das Können treten. Und dieses Können sei an beinahe beliebigen Wissen*inhalten* zu erlernen. Ganz falsch ist das zunächst nicht: Das Können, zum Beispiel die Fähigkeit zum sinnentnehmenden Lesen, kann man sowohl an einem bedeutenden Roman der Weltliteratur als auch an der BILD-Zeitung oder einer Gebrauchsanweisung erlernen und üben – wenn auch auf unterschiedlichem Niveau. Zweierlei ist dabei allerdings zu beachten: Zunächst muss man, um *sinnentnehmend* lesen zu können, überhaupt zu lesen gelernt haben. Wissen hat vielfach eine bestimmte Ordnung, das heißt, es gibt eine sinnvolle Reihenfolge, in der es vermittelt werden muss. Bevor man das eine können kann, muss man das andere schon erlernt haben. Beim Lesen und auch bei grundlegenden Rechenoperationen ist das schnell zu erkennen. Etwas uneindeutiger scheint dies aber bei Fächern wie Geschichte oder Geografie zu sein. Hier präsentieren sich die Erkenntnisgegenstände als weniger zwingend verknüpft, wenngleich sie dennoch einen Zusammenhang bilden. Die Kritiker des Bildungskanons fordern deshalb zumindest für die Zeit nach der Grundschule »Unterrichtsfreiheit«.[101] Die Schulen sollen selbst auswählen können, an welchen konkreten Inhalten sie arbeiten. Das ist das genaue Gegenteil eines Kanons.

Daraus aber erwächst zweitens ein riesiges Problem bezüglich der Aufgaben der Schule: Wenn sie nämlich wichtige Kulturbestände weitergeben und ein bestimmtes Niveau an Bildung vermitteln soll, ist es überhaupt nicht mehr gleichgültig, ob man die BILD-Zeitung oder die »Buddenbrooks« liest. Bleiben die Auswahl der wichtigen Kulturbestände oder die Fachsystematik jeder einzelnen Schule oder gar jedem einzelnen Lehrer überlassen, wird beides der Beliebigkeit und Willkür preisgegeben. Auf diese Weise entzieht man den Schülern nicht nur die Möglichkeit zur Teilhabe an wichtigen Kulturgütern, sondern auch der Gesellschaft die kulturelle Basis ihres Zusammenhalts. Damit entgeht man allerdings nicht der Notwendigkeit eines Kanons. Da man ebenso wenig ohne konkrete Inhalte unterrichten wie man ohne Zutaten kochen kann,[102] muss am Ende jemand entscheiden, was und woran konkret gelernt werden soll. Überlässt man das den schulinternen Lehrplänen, so bedeutet das nichts anderes, als dass die Kanonhoheit einfach auf die Schulen und Lehrer abgewälzt und damit der öffentlichen Kontrolle entzogen wird.

Ihrer Funktion als Schaltzentrale für gesellschaftliche Positionen kann Schule damit nicht mehr vernünftig nachkommen. Dies zeigt sich besonders deutlich am Abitur. Wenn es hier keine Ordnung des Wissens gibt, dann gibt es auch keine sachangemessene Verknüpfung mehr zwischen gymnasialer Bildung und dem Studium. Aus welchem Grund aber sollte das Abitur dann noch über den *Zugang* zu Universitäten entscheiden? Solange dieser Zugang begrenzt ist, bleibt eine Entscheidung unverzichtbar. Das müssen auch die Gegner eines Bildungskanons eingestehen. Deshalb treten bei ihnen an die Stelle der Schulabschlüsse nun »Aufnahmeverfahren der an die Schulzeit anschließenden Einrichtungen, vor allem der Hochschulen«.[103] Die Probleme werden damit aber nicht beseitigt, sondern lediglich aus der Schule herausgeschoben, um an anderer Stelle gelöst zu werden. Denn auch die Eignungsprüfungen müssten sich ihrerseits an einem inhaltlichen Standard orientieren. Solch einen Standard auf Hochschulebene zu etablieren, wäre allerdings nicht nur ineffizient, sondern eine

Bankrotterklärung für das gymnasiale Schulsystem. Es würde einer seiner wichtigsten Funktionen beraubt, nämlich der, zum Hochschulbesuch zu befähigen.

2.: Sobald man bestimmte Wissens- und Kulturbestände als verbindlich für alle Schüler festlegen würde, käme das einer Art kultureller Herrschaft gleich. Schlösse man dadurch bestimmte Wissensbestände gezielt von der Vermittlung aus, käme das einer Form der Zensur gleich.

Das ist zwar richtig, aber kein treffendes Argument. Bildung und Erziehung sind immer Formen kultureller Herrschaft – unabhängig davon, ob sie durch Eltern oder Lehrer ausgeübt wird. Das liegt an der einfachen Tatsache, dass es in der Regel ein Kompetenz- und Mündigkeitsgefälle zwischen Erwachsenen sowie Kindern und Jugendlichen gibt. Genau deshalb ist kulturelle Herrschaft in Prozessen von Bildung und Erziehung auch unvermeidlich. Oder zugespitzt: Wer in Bildung und Erziehung den Anspruch auf kulturelle Herrschaft aufgibt, gibt damit Bildung und Erziehung auf. Es ist folglich nichts damit gewonnen, die Auswahl der Unterrichtsinhalte der einzelnen Schule oder gar Lehrkraft zu überlassen. Auch das ist eine Form kultureller Herrschaft. Nur eine beliebige und eine ohne wirkliche demokratische Legitimation.

Insofern ist es entscheidend, ob es für die Ausübung kultureller Herrschaft vernünftige Sachgründe gibt und welchem Zweck sie eigentlich dient. Gute schulische Bildung zielt darauf ab, junge Menschen geistig zu entwickeln und so zur Mündigkeit zu führen. Das Ziel echter Bildung ist geistige Freiheit. Anstatt Kinder und Jugendliche abzurichten, sie für Wirtschaft und Gesellschaft »gebrauchsfertig« und gefügig zu machen, verfolgt Bildung in einer freiheitlich-demokratischen Gesellschaft das Ziel, sie zu kritischen Mitmenschen zu entwickeln, die sich *aus Sachgründen* ein eigenes Urteil bilden können. Und das geht nicht ohne Wissen – und nicht mit beliebigem Wissen. Schule und Eltern üben also eine zeitlich befristete kulturelle Herrschaft mit dem Ziel aus, den Grund dieser Herrschaft zu überwinden: die Unmündigkeit.

3.: Der Bestand an »Wichtigem« ist so groß, dass die Lehrpläne heillos überfrachtet würden. Zudem vergäßen die Schüler das meiste ohnehin wieder.

Zunächst gibt es schlicht keinen vernünftigen Grund dafür anzunehmen, dass ein Bildungskanon zur Überfrachtung der Unterrichtsinhalte führte. Überfrachtung ist eine Folge von Überfrachtung und nicht eines Kanons. Die Überfrachtung kann sowohl durch ein Kultusministerium in Form eines Rahmenplans als auch durch einen schulinternen Lehrplan oder durch individuelle Entscheidungen einer Lehrkraft entstehen. Es gibt kein Instrument, mit dem diese Gefahr aus unserem Leben für immer verbannt werden könnte. Umso wichtiger ist es ja, dass diese Entscheidungen von einer demokratischen Öffentlichkeit gefällt und unsere Lehrer so gut ausgebildet werden, dass sie den öffentlich beschlossenen Wissenskanon zu vermitteln in der Lage sind.

Die Beliebigkeit der Unterrichtsinhalte mit dem mangelnden Erinnerungsvermögen der Schüler zu begründen, ist nicht überzeugender. Natürlich kennen wir das alle aus unserem eigenen Leben: Was haben wir nicht mitunter »gebüffelt«, um in einer Klassenarbeit eine gute Zensur zu erhalten, obwohl uns das Thema gar nicht interessiert hat. Und zwei Wochen später war scheinbar alles wieder vergessen. »Bulimie-Lernen« wird das mitunter genannt: sich in kürzester Zeit ungewolltes Wissen anzueignen, um es kurz darauf auf ein Papier zu speien und dann sofort in seinem Kopf zu löschen.

Und trotzdem ist die These falsch, wir würden immer alles gleich wieder vergessen. Wenn dem tatsächlich so wäre, dürfte ein

Mensch, der nie eine Schule besucht, auch nicht von demjenigen zu unterscheiden sein, der ein solides Abitur hingelegt hat. Was wir erlernt haben, ist nicht mit dem identisch, was wir uns in einem konkreten Augenblick bewusst machen. Und es reduziert sich vor allem nicht auf konkretes Faktenwissen, das lediglich eine unverzichtbare Grundlage tatsächlicher Bildung darstellt, aber nicht mit ihr identisch ist. Bildung in einem umfassenden Sinne schließt vielmehr neben dem Verstehen allgemeiner Zusammenhänge auch wesentliche Momente der charakterlichen und staatsbürgerlichen Prägung im besten Sinne ein.

Aber selbst wenn auch die besten Lehrer durch spannenden und anregenden Unterricht nichts am Bulimie-Lernen und der Vergesslichkeit der Schüler ändern könnten, wäre das noch kein Argument gegen einen Kanon. Denn das träfe ebenso auf den von einer Lehrkraft individuell ausgewählten Unterrichtsstoff zu. Es wäre mithin kein Argument gegen einen Kanon, sondern ein Argument gegen Bildung überhaupt.

Durch die Lernforschung und die Neurowissenschaften ist allerdings gut belegt, dass die Arbeit an Unterrichtsstoffen die Verarbeitungsfähigkeit des Gehirns beeinflusst. Man nennt das seine »Plastizität«.[104] Was heißt das? Nun, wer oft und häufig rechnet, hinterlässt in seinem Gehirn Spuren. Es sind sozusagen die ausgetrampelten Pfade der Mathematik, die man bei späteren Rechenoperationen problemloser betreten und somit besser rechnen kann. Wäre das nicht so, bräuchte man ja auch nicht zu üben. Das gilt für alle geistigen Operationen. Selbst dann also, wenn ich mir in Mathematik ein bestimmtes Stoffgebiet bloß aus Fleiß erschließe, mich für das Thema gar nicht interessiere und wenig später scheinbar alles wieder vergessen habe, hat sich zwischenzeitlich mein Denkwerkzeug, das Gehirn, entsprechend verändert. Und je nachdem, ob die Unterrichtsgegenstände anspruchsvoll oder anspruchslos sind, entwickelt sich auch unser Gehirn.

Auch wer die »Buddenbrooks« liest und viele Details der Geschichte schnell wieder vergisst, bildet sich. Er übt beim Lesen nebenher Rechtschreibung und Grammatik, erweitert sein Ausdrucksvermögen und stärkt Konzentration sowie logisches Denkvermögen. Und er wird wahrscheinlich auch gelernt haben, dass man ein Unternehmen ruinieren kann, wenn man es nicht rechtzeitig an die Herausforderungen des Marktes anpasst. Das zu lernen ist nicht unwichtig.

Fassen wir zusammen: Wir haben ein Schulsystem, in dem jeder Mensch im Rahmen des von ihm selbst oder seinen Erziehungsberechtigten gewählten Bildungsgangs die ihm höchstmögliche Bildung erhalten soll. Damit ist der äußeren Struktur nach die Gleichbehandlung aller Bürger beim Zugang zu Bildung gewährleistet. Herrscht im Inneren dieser Struktur aber Beliebigkeit der Inhalte, kann von Gleichbehandlung und damit auch von Gerechtigkeit nicht mehr die Rede sein. Ohne einen bundesweit einheitlichen Bildungskanon ist also *erstens* ein Bildungs- und Schulsystem mit gesichertem fachlichem Anspruch und gerechten Entscheidungskriterien nicht zu haben. Ein solcher Kanon muss *zweitens* als *Rahmenplan* klare Wissensbestände samt ihren Ordnungsstrukturen festlegen, die von allen verbindlich zu lernen sind. Die Verbindlichkeit dieses Kanons ist in verschiedenen Fächern unterschiedlicher Art, aber deshalb gleichsam nicht beliebig. Ein solcher Kanon wurzelt in weiten Teilen in unserem kulturellen Selbstverständnis und bildet als kulturelles Hintergrundwissen die gemeinsame und verbindende Basis der Gesellschaft: »Der Staat ist gefordert, einen Ordnungsrahmen zu schaffen, in dem sich alte wie neue Wissenskulturen entfalten können, aus denen heraus ein lebendiger Kanon entstehen kann. Es muss immer wieder neu darüber gestritten werden, wie dieser Kanon inhaltlich bestimmt werden soll. Nicht darüber streiten aber lässt sich, dass eine Gesellschaft ohne die kulturellen Bindekräfte eines kanonischen Wissens vom Zerfall bedroht ist.«[105]

Wer zu dieser Diskussion nicht bereit ist, sollte Debatten über die stärkere Vergleichbarkeit des Abiturs besser ganz sein lassen. Ohne gleiche Inhalte sind auch keine zentralen Abschlussprüfungen möglich. Wer dennoch behauptet, beides sei miteinander vereinbar, muss bei seinen Vorschlägen unweigerlich in die Fake-Kiste greifen.

Abitur auf dem Bierdeckel – Gebrauchsanleitung für ein bundesweites Zentralabitur

Falls Sie sich schon einmal mit den in ihrem Land geltenden Regeln für das Abitur beschäftigt haben sollten, um Ihr Kind bei der günstigsten Fächerauswahl zu beraten, werden Sie wahrscheinlich nicht allzu viel verstanden haben. Falls doch: Respekt! Wer dabei mehr Mühe hatte, sollte auf keinen Fall an seiner Intelligenz zweifeln. Denn die Regeln für das Abitur sind weit komplexer als nötig, weil sie unnötig verkompliziert wurden. Und diese unnötige Komplexität ist Folge des organisatorischen Chaos im deutschen Bildungssystem.

Wir möchten Ihnen nun zeigen, dass es auch ganz anders geht und die Organisation des Abiturs im Grunde recht einfach sein könnte. Dabei muss man, um unseren Vorschlag verstehen zu können, weder das Abitur bestanden noch studiert haben. Der gesunde Menschenverstand reicht völlig aus. Geht man von den richtigen Grundsätzen aus, folgen die Ergebnisse fast wie von selbst.

Eines müssen Sie sich aber trotzdem vor Augen führen: *Absolute* Gerechtigkeit ist auch bei unserem Vorschlag nicht möglich. Dies liegt schon allein daran, dass in der Schule Menschen tätig sind. Subjektive Entscheidungsanteile können und pädagogische Ermessensspielräume sollen nicht vollständig vermieden werden. Aber auf Seiten des Systems und seiner Strukturen ist ein hohes Maß an Gleichartigkeit und damit Gerechtigkeit möglich – und darum geht es uns.

Abitur auf dem Bierdeckel

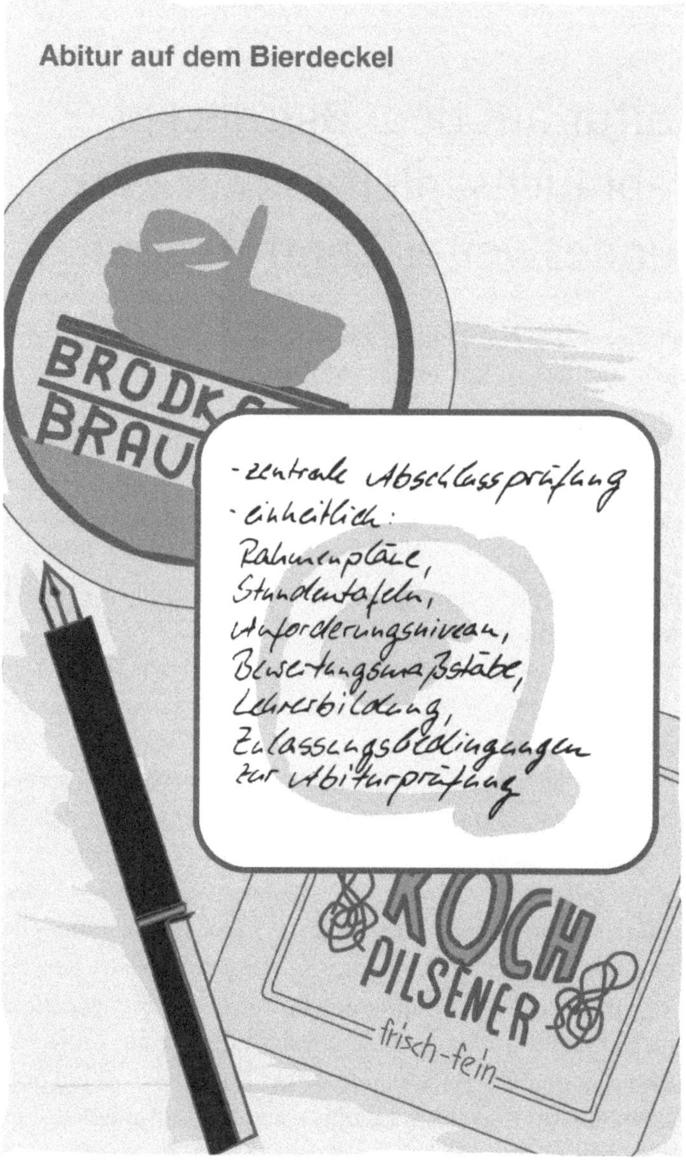

BRODK
BRAU
- zentrale Abschlussprüfung
- einheitlich:
Rahmenpläne,
Stundentafeln,
Anforderungsniveau,
Bewertungsmaßstäbe,
Lehrerbildung,
Zulassungsbedingungen
zur Abiturprüfung
KOCH
PILSENER
frisch-fein

Einheitliche Rahmenpläne

Ohne einen für *alle* gleichen Maßstab, an dem die Schülerleistungen gemessen werden, ist ein echtes Zentralabitur nicht zu haben. Ohne gleiche Unterrichtsinhalte also auch keine Gerechtigkeit. Nur wenn schon ab der fünften Klasse, besser noch ab der Grundschule, in ganz Deutschland Gleiches in gleicher Zeit unterrichtet würde, könnten sich die Schülerinnen und Schüler auch anschließend einer bundesweit zentralen Prüfung erfolgreich stellen. Deutschland braucht in jedem Fach nur einen einzigen *echten* Rahmenplan, der die zu unterrichtenden Inhalte konkret und verbindlich für alle festlegt. Diese Maßnahme würde nach dem Prinzip »Einer für Alle« zu weniger Bürokratie und Kosten führen. Berufsanfänger und Seiteneinsteiger wüssten dann übrigens auch endlich, was sie unterrichten müssen. Und weil nicht jedes Bundesland beliebig an irgendwelchen Rahmenplänen herumbasteln könnte, wäre eine hohe bildungspolitische Verlässlichkeit in allen Ländern die Folge. Also weg mit inhaltlich entkernten »Kerncurricula« und »schulinternen Lehrplänen«. Sie sind nicht nur überflüssig und eine große Zeit- und Geldverschwendung. Sie sind zugleich der erste und größte Hemmschuh für ein gerechtes Abitur. Die Schulbuchverlage hätten wahrscheinlich etwas dagegen. Aber das lässt sich getrost verschmerzen.

Dem befürchteten Verlust der Pflege regionaler Kulturbestände ließe sich durch einen Kompromiss begegnen: Zum Beispiel könnte in bestimmten Fächern die Vereinheitlichung auf 80 Prozent des Unterrichtsstoffes beschränkt bleiben. In Mathematik gibt es dafür kein Argument, in Geografie oder Geschichte schon. Allerdings dürften sich dann auch nur aus diesen 80 Prozent die zentralen Prüfungsaufgaben speisen.

Einheitliche Stundentafeln

Wenn bundesweit fachlich vergleichbare Prüfungen geschrieben werden sollen, geht dies bei gleichen Inhalten nicht ohne Angleichung der Stundentafeln in den einzelnen Ländern. Aus Gerechtigkeitsgründen am besten bereits in der Grundschule, spätestens aber ab Klasse fünf. Wenn sich die Zahl der Deutsch- oder Mathematikstunden von Land zu Land unterscheidet, ist das für die Schüler natürlich ungerecht, denn die einen haben es dann in der Prüfung leichter als die anderen.

Eine solche Angleichung wäre einerseits eine erhebliche Herausforderung für die Unterrichtsorganisation. Auf der anderen Seite liefe aber auch keines der Fächer mehr Gefahr, durch irgendwelche bildungspolitischen Gedankenblitze im eigenen Land plötzlich abgewertet zu werden.

Und schließlich könnte auch der feste Kanon an Fächern auf rund 80 Prozent beschränkt bleiben. Dann hätten alle Länder noch ausreichend Spielraum, um ihren kulturellen Besonderheiten wie etwa ihren jeweiligen Regionalsprachen nachzugehen. Allerdings müssten diese Fächer dann wegen mangelnder Vergleichbarkeit ebenfalls von der schriftlichen Abschlussprüfung ausgeklammert bleiben.

Eine notwendige Folge einheitlicher Stundentafeln in Deutschland spätestens ab Klasse fünf wäre die Beendigung der fruchtlosen Debatte über das acht- oder neunjährige Abitur in Deutschland. Für das Funktionieren eines gerechten Zentralabiturs wäre es völlig unerheblich, für welche der beiden Optionen man sich am Ende bundesweit entschiede. Aber man muss sich entscheiden. Damit könnte Schule endlich auch familienfreundlich ausgestaltet werden. Berufsbedingte Umzüge zwischen den Ländern wären leichter möglich.

Einheitliches und hohes Anforderungsniveau

Die Einführung von Grund- und Leistungskursen bzw. unterschiedlichen Anforderungsniveaus war *auch* eine strukturelle Antwort auf das Problem, dass in Wahrheit nicht mehr alle Abiturienten das Ziel der allgemeinen Studierfähigkeit erreichen. Da nach unserem Vorschlag aufgrund des höheren fachlichen Niveaus nur rund 20 Prozent eines Altersjahrganges das Abitur ablegen würden, bräuchten wir auch keine Unterscheidung in grundlegendes und erhöhtes Anforderungsniveau mehr. Alle Schülerinnen und Schüler würden einheitlich auf hohem Niveau unterrichtet. Deutsch, Englisch und Mathematik würden zu echten Kernfächern mit je fünf Unterrichtswochenstunden aufgewertet – und zwar verpflichtend für alle.[106]

Einheitliche Bewertungsmaßstäbe

Aus der Forderung nach Vergleichbarkeit folgt, dass alle Fächer deutschlandweit auch nach denselben Notenmaßstäben bewertet werden müssen. Für einige schriftliche Abschlussprüfungen gibt es bereits eine bundesweit vereinbarte Bewertungsskala. Das reicht aber nicht aus. Sie müsste in allen Ländern grundsätzlich in der gesamten Qualifikationsphase und in allen Abschlussprüfungen für alle Fächer verbindlich sein. Das gilt nicht nur für die Frage, ab wieviel Prozent der zu erreichenden Punkte welche Note vergeben wird, sondern auch für die sogenannten »Erwartungshorizonte«. Hierin muss jeweils bundesweit verbindlich beschrieben werden, wie die Aufgaben der Abschlussprüfungen und Klausuren bzw. Klassenarbeiten zu lösen und welche fachlichen Leistungen von den Prüflingen zu erbringen sind.

Einheitliche Zulassungsbedingungen zur Abiturprüfung

Bei der gegenwärtigen Praxis der Zulassung zur Prüfung zeigt sich das Elend des Bildungsföderalismus am deutlichsten. Es ist auch bei größter Mühe nur schwer möglich, alle Gestaltungsmöglichkeiten bei den Belegungspflichten, einzubringenden Kurshalbjahren etc. zu überblicken. Nicht umsonst sind Heerscharen von Menschen mit dem Verfassen von Informationsbroschüren und Leitfäden beschäftigt, Oberstufenkoordinatoren im Beratungs-Dauereinsatz, Eltern am Ende ihrer Nerven, weil sie die Sprache ihrer Kinder beim Errechnen günstiger oder möglicher Kombinationen nicht mehr verstehen. Zur Entlastung all dieser Opfer unnötig überkomplexer Systeme schlagen wir eine einfache und robuste Lösung vor: Die Noten *aller* Fächer aus den letzten beiden Schuljahren gehen in die Abiturnote ein und machen gemeinsam zwei Drittel dieser aus. Zur Prüfung zugelassen wird nur, wer in keinem Fach im Durchschnitt weniger als fünf Punkte, also die Note Vier, hat. Sofort verstanden? Das war der Sinn.

Zentrale Abschlussprüfungen

Mit Recht zählt die Kultusministerkonferenz die »basalen Fächer« Deutsch, Mathematik und Fremdsprache zum Kern der Studierfähigkeit. Konsequent wäre es daher, sie auch als schriftliche Prüfungsfächer verbindlich für alle Abiturienten festzulegen. Wir gehen aber noch einen Schritt weiter: Anstelle einer beliebigen Fremdsprache sprechen wir uns dafür aus, dass alle Abiturienten im Fach Englisch eine schriftliche Prüfung ablegen müssen. Warum? Englisch ist *die* Weltverkehrssprache schlechthin. Auch für Saarländer! Die zwei mündlichen Pflichtprüfungen sollten die

Schüler selbst wählen können, allerdings muss sich darunter eine der Naturwissenschaften befinden. Die Abiturprüfungen gehen zu gleichen Anteilen in die Abiturnote ein und machen ein Drittel dieser aus.

Für die schriftlichen Prüfungsfächer sollte es je eine aus Lehrkräften verschiedener Länder zusammengestellte Aufgabenkommission geben, die zentrale Abschlussprüfungen erstellt. Die Kommission wäre dabei idealerweise auch für zentrale schriftliche Klausuren bzw. Klassenarbeiten in den letzten beiden Schuljahren zuständig. Das würde die Vergleichbarkeit der Schulleistungen und Abiturnoten nochmals deutlich erhöhen und optimal auf ein echtes Zentralabitur vorbereiten.

Man könnte mit diesem Verfahren bürokratischen Aufwand und Steuergelder sparen. Es kostet bei kluger Organisation schlichtweg weniger, wenn eine einzige Kommission Dienstleister für alle ist, als wenn jedes der 16 Bundesländer in jedem Fach sein eigenes Süppchen kocht. Oder als wenn sich jeder Lehrer Klausuren für seine Klasse selbst ausdenken muss. Billiger und trotzdem besser – wann hat man das schon einmal in der Politik?

Gegen die Idee der zentralen Abschlussprüfungen und Klausuren wird es allerdings Proteste gewichtiger Lobbygruppen geben: Es müssten dazu nämlich die Arbeiten deutschlandweit am selben Tag geschrieben werden. Das wiederum ginge nur bei Vereinheitlichung der Ferientermine in ganz Deutschland. Die Folgen wären klar: Noch überfülltere Autobahnen und Züge vor allem während der Sommerferien, überbuchte Hotels mit massiv steigenden Preisen und deutlich sinkende durchschnittliche Auslastung im Rest des Jahres. Die gesamte Tourismuswirtschaft würde Sturm laufen. Und die Anhänger des heutigen Bildungsföderalismus würden diese Proteststürme gewiss gern und geschickt benutzen, um ihre ganz eigenen Interessen durchzusetzen. Eine Hand wäscht gewöhnlich die andere.

Aber für dieses Problem gibt es eine einfache und pragmatische Lösung. Es ist schon heute gelebte Praxis in den Ländern, dass die Aufgabenkommissionen jeweils zwei Abiturprüfungen erstellen, die eigentliche und eine Ersatzprüfung. Die Ersatzprüfung ist ein Sicherheitsnetz für den Fall, dass mit der eigentlichen Prüfung Probleme auftreten. Auch können sie bei erkrankten Schülern genutzt werden. Schon heute schreiben also nicht alle Schüler eines Bundeslandes ein und dieselbe Abiturprüfung. Aber sie schreiben ein Abitur, das von derselben Aufgabenkommission erstellt wurde. Hierdurch ist gesichert, dass die Anforderungen beider Prüfungen hinreichend gleichwertig sind.

Und genau hierin liegt der Schlüssel, um den Befürchtungen der Tourismuswirtschaft und allen bildungsföderalistischen Ausreden begegnen zu können. Schon heute bildet die Kultusministerkonferenz bei der Verteilung der Ferien über das Schuljahr Ländergruppen. Für diese Ländergruppen müssten von derselben Kommission jeweils eine Abiturprüfung und ein Ersatzabitur und möglichst auch Klausuren auf vergleichbarem Anforderungsniveau erstellt werden – so könnten die Ferien bleiben, wo sie sind, und die Kultusministerkonferenz könnte sich auch weiterhin alle paar Jahre engagiert über den Ferienkorridor streiten.

Die Objektivität der Benotung ließe sich außerdem dadurch erhöhen, dass zumindest die Zweitkorrektur der schriftlichen Abiturprüfungen durch eine Lehrkraft einer anderen Schule vorgenommen würde, wie es schon heute in einigen Ländern praktiziert wird.

Würde dies alles umgesetzt, bräuchte man auch keine Leistungstests im Sinne der Outputsteuerung mehr. Die zentralen Abschlussprüfungen wären ja selbst dieser Test. Ohne zusätzliche Kosten für den Steuerzahler.

Leistungsabhängiger Übergang in den gymnasialen Bildungsgang

Die Einführung eines echten Zentralabiturs müsste zu hohen Abbrecher- und Durchfallerquoten führen, wenn der Zugang zum gymnasialen Bildungsgang nicht neu geordnet würde. Dies wäre aus verschiedenen Gründen nicht wünschenswert. Daher käme es entscheidend darauf an, auch den *Zugang* zum gymnasialen Bildungsgang neu zu regeln. Grundsätzlich sollten über die Aufnahme allein die Leistungen entscheiden. Da jedoch auch Lehrer in ihrem Notenurteil irren können, sollte dieses Verfahren um die Möglichkeit von Aufnahmeprüfungen ergänzt werden. Würden ungeachtet der zuvor erhaltenen Noten in dieser Prüfung ausreichende Leistungen erbracht, wäre ein Wechsel in den gymnasialen Bildungsgang ebenfalls möglich.

Einheitliche Lehrerbildung

Um in der Sache erfolgreich zu sein, reichen aber einheitliche Rahmenpläne, Prüfungsordnungen, Stundentafeln und Bewertungsmaßstäbe nicht aus. Der letzte und wichtigste Garant einer niveauvollen Bildung sind die Lehrerinnen und Lehrer selbst. In Wahrheit sind sie auch viel wichtiger als alle Strukturen und Rechtsvorschriften zusammengenommen. Denn es gilt die eherne Regel: Es gibt keinen schlechten Lehrer, den man durch gute Rechtsvorschriften und Strukturen zu einem guten machen könnte. Und umgekehrt: Kein guter Lehrer kann durch schlechte Gesetze und Strukturen ein schlechter Lehrer werden. Man kann ihn höchstens in seinem Handeln unnötig behindern. Das A und O guter Schulbildung sind daher fachlich hochqualifizierte und engagierte Lehrerpersönlichkeiten. Wer also ein gerechtes und vor allem leistungsfähiges Schulsystem entwickeln und erhalten will, muss das größte Gewicht auf eine gute Lehrerbildung legen. Eine unausweichliche Folge hiervon ist allerdings, dass sich dann auch die Lehrerbildung in Bayern nicht maßgeblich von der in Schleswig-Holstein unterscheiden darf. Wenn die im Studium vermittelten Inhalte und Anspruchsniveaus zwischen den Ländern massiv voneinander abweichen und somit gar nicht mit bundesweiten Rahmenplänen vereinbar sein können, bleibt der Erfolg eines Zentralabiturs fraglich. Der letzte Baustein eines echten Zentralabiturs ist daher eine einheitliche Lehrerbildung in Deutschland. Sie müsste sicherstellen, dass in den einzelnen Fächern Gleiches auf gleichem Niveau gelehrt würde – und diese Inhalte müssten wiederum mit den bundesweiten Rahmenplänen in den einzelnen Schulfächern abgestimmt sein.

Ein gerechtes, effizientes und niveauvolles Abitur ist von der Sache her also eine ziemlich einfache und vor allem logische Angelegenheit. Der Weg dorthin aber dürfte mehr als steinig werden. Zu schlachten wäre nichts Geringeres als die heilige Kuh des Bildungsföderalismus. Zur Sicherung von Qualität und Gerechtigkeit ist es allerdings absolut notwendig, die Entscheidung über die *Inhalte* und das *Niveau der Bildung* zu zentralisieren, und zwar mit Befugnissen zur Rechtsetzung durch das *Bundes*bildungsministerium und den Deutschen Bundestag. Hierzu wäre eine Änderung des Grundgesetzes erforderlich. Wenn wir von einer Stärkung des Bundes in Sachen Schulpolitik sprechen, meinen wir also nicht die Übertragung sämtlicher Aufgaben auf den Bund. Die Organisation der Schulen, der Kampf gegen Unterrichtsausfall, die Einstellung sowie Fort- und Weiterbildung der Lehrkräfte, die Qualitätssicherung in den Schulen durch die Schulaufsicht und auch die konkrete Ausgestaltung der Schulstandort- und

-strukturpolitik sollte aus Gründen der Nähe in den Händen der Länder und Kommunen verbleiben.

Die Bildungsministerien der Länder hätten dann auch weiterhin gut zu tun. Sie könnten zeigen, dass ihre Schulorganisation den für alle gleichen Herausforderungen tatsächlich gewachsen ist. Oder in der Sprache des Wettbewerbsföderalismus: Ein *inhaltlich* zentral gesteuertes Abitur würde durch tatsächlich vergleichbare Abiturnoten wie der Preis auf einem vollkommenen Markt zum ersten Mal in der Geschichte des bundesdeutschen Föderalismus überhaupt leisten können, was ihm als sein Systemvorteil schon heute völlig unverdient zugeschrieben wird: den fairen Wettbewerb der Länder um das beste Schulsystem – aber *ohne* Manipulation.

Legt die Entscheidung in die Hände des Volkes!

Manchmal zucken einzelne Glieder der Landschildkröte doch. So machte in letzter Zeit vor allem die Kultusministerin von Baden-Württemberg von sich reden. Trotz all der durch die Kultusministerkonferenz seit PISA 2000 beschlossenen Maßnahmen stellte sie im Sommer 2019 ernüchtert fest: »Ich will die Kollegen wachrütteln. Alle 16 Kultusminister müssen erkennen, dass wir mit dem Rücken zur Wand stehen.«[107] Die Menschen hätten aufgrund der bestehenden Ungerechtigkeiten kein Verständnis mehr für den Bildungsföderalismus. Man merke auf: Das ist exakt dieselbe Bildungsministerin, die Ende 2019 mithalf, den »Nationalen Bildungsrat« zu beerdigen, um eine Einflussnahme des Bundes zu verhindern.

Ein richtiger Widerspruch ist das aber nur auf den ersten Blick. Auch Frau Eisenmann treibt nämlich in erster Linie die Rettung des Bildungsföderalismus um: »Der Bildungsföderalismus muss sich neu erfinden und wir Länder müssen für seine Daseinsberechtigung kämpfen. Wenn der Satz ›Bildung ist Ländersache‹ nur noch Kopfschütteln auslöst, dann ist es höchste Zeit zu handeln.«[108] Ihre Idee: Ein Bildungsstaatsvertrag, der von allen Ländern unterschrieben und den Landesparlamenten abgesegnet wird, könnte die entscheidende Wende hin zu mehr Vergleichbarkeit und Gerechtigkeit bringen. Und sie hat ganz recht: Bleibt es beim Bildungsföderalismus, kann nur ein solcher Staatsvertrag die Länder zum Handeln zwingen. Die Beschlüsse der

Die Entscheidung in die Hände des Volkes!

Kultusministerkonferenz sind rechtlich unwirksam. Immerhin wird man der Debatte um den eigentlich überflüssigen »Nationalen Bildungsrat« daher zugutehalten müssen, dass es ohne sie den Vorschlag für einen Bildungsstaatsvertrag wohl nie gegeben hätte. Die Länder wurden aus der Reserve gelockt.

Allzu viel Optimismus ist aber nicht angebracht. Die Idee eines Staatsvertrages zur Vereinheitlichung der Schulabschlüsse, insbesondere des Abiturs, gab es nämlich schon einmal. Und zwar im Jahr 2011. Damals schlossen sich Bayern, Sachsen und Mecklenburg-Vorpommern zusammen. Wie sah das Ergebnis dieser Initiative aus? Es gab keines. Die Diskussion verlief im Sande. Stattdessen schlossen sich ein paar Länder zusammen, um neben dem Aufgabenpool Schritt für Schritt zumindest in einigen Fächern tatsächlich identische Aufgaben für die Abiturprüfungen zu entwickeln (sogenanntes »länderübergreifendes Abitur« [lüA]). Allerdings stießen auch diese Länder schnell auf das Problem, dass gemeinsame Aufgaben bei unterschiedlichen Rahmenplänen und Stundentafeln kaum möglich sind. Inzwischen dürfte die lüA-Gruppe angesichts des Aufgabenpools ein Auslaufmodell sein.

Wie reagierten die Kollegen von Eisenmann auf ihren Vorstoß? Alles andere als begeistert. Thüringens Kultusminister Helmut Holter zum Beispiel goss sogleich mächtig Wasser in Eisenmanns Wein. Ihr Vorschlag höre sich nur im ersten Moment gut an: Er »würde nämlich bedeuten, dass am Ende alle Lehrpläne in Deutschland aufeinander abgestimmt sein müssten, zumindest in der Sekundarstufe I und II, weil Abiturienten alle die gleichen Aufgabe erhalten und die gleichen Chance haben müssen, sie zu lösen.«[109] Mit anderen Worten: Thüringens Kultusminister warnt ernsthaft vor einem Einheitsabitur, weil dies die Systeme tatsächlich angleichen und damit vergleichbar machen würde. Unter diesen Umständen wäre wohl bald Schluss mit den bundesweit besten Abiturnoten in Thüringen. Die Fakes *Bildungsstandards* und *Aufgabenpool* würden daher außerdem auffliegen. Das scheint nicht gewollt.

Mit der Ausweichbewegung der Länder zur Errichtung eines »Bildungsrates« ohne wesentliche Beteiligung des Bundes hat Eisenmanns Vorschlag für einen Bildungsstaatsvertrag scheinbar neuen Schwung bekommen. Die bisherigen Vorarbeiten der Kultusministerkonferenz dazu müssen allerdings in jeder Hinsicht ernüchtern. In keiner einzigen für die Vergleichbarkeit des Abiturs entscheidenden Frage besteht offenbar Bewegungsbereitschaft. Es wird wohl, wenn er denn überhaupt jemals zustande kommt, ein weiteres Mal auf einen groß angelegten bildungspolitischen Fake hinauslaufen. Selbst Eisenmann ist aus gutem Grund kleinlaut: »Ich bin mir nicht mehr sicher, ob da substanziell mehr rauskommt, als die Kultusministerkonferenz bereits im Hamburger Abkommen von 1964 festgelegt hat«,[110] ließ sie die Öffentlichkeit noch im Sommer 2019 wissen. Das Hamburger Abkommen: Das ist ein Vertrag, der noch allgemeiner als die Oberstufenvereinbarung die allerselbstverständlichsten Dinge fixiert hat: Anzahl der Ferientage, Schularten, Abschlussarten und solche Dinge. Also, dass alle Länder überhaupt ein Abitur anbieten und nicht jedes etwas eigenes. Wenn das also kein großer Wurf wird!

Wenn Sie das alles noch immer nicht überzeugt, haben wir zum Schluss noch ein kleines Schmankerl: Zwar gilt der Kultusministerkonferenz die Einführung eines bundesweit einheitlichen Abiturs als Untergang des Abendlandes. Aber ob Sie es glauben oder nicht: Fast auf der ganzen Welt ist Deutschland weiter als in Deutschland selbst. Zum Beispiel in Washington und Bogotá, in Budapest und Stockholm, in Singapur und Kuala Lumpur oder in Kairo und Jerusalem.

Wie das kommt? Ganz einfach: Über 90 Deutsche Auslandsschulen bieten über die gesamte Welt verstreut ebenfalls das deutsche Abitur an.[111] Um die deutschen Abiturstandards im Ausland zu garantieren, sind diese Schulen in 16 Regionen eingeteilt und diese den deutschen Bundesländern zugeordnet. Die Kultusministerkonferenz konnte sich anders als in Deutschland auch dazu durchringen, allen Auslandsschülern einheitlich fünf Abiturprüfungen aufzuerlegen. Außerdem gibt es für die Fächer Deutsch, Mathematik, Englisch, Geschichte, Physik, Chemie und Biologie sogar international einheitliche Lehrpläne (»Kerncurricula«) – etwas, das man bei aller berechtigten Kritik an »Kerncurricula« bisher nicht einmal für Deutschland hinbekommen hat.

Nun wäre es angesichts dessen ja naheliegend, dass die den einzelnen Bundesländern zugeordneten Auslandsschulen einfach die Abituraufgaben dieser Länder übernähmen. Aber das wäre zu einfach. Stattdessen erstellen die Schulen innerhalb dieser Regionen in aller Regel gemeinsam ihr eigenes, verbindliches »Regionalabitur«. Das bedarf dann der Genehmigung eines von der Kultusministerkonferenz bestimmten Prüfungsleiters aus dem zuständigen Bundesland. Ganz ohne Aufgabenpool übrigens. Es gibt in jedem Jahr also nicht nur 16 verschiedene deutsche Abiturprüfungen, sondern mindestens 32![112]

Mit anderen Worten: Während die sich überwiegende Mehrheit der Kultusminister auf der eigenen Scholle mit Händen und Füßen dagegen wehrt, Vereinheitlichungen herbeizuführen, hat man offenbar wenig dagegen, wenn es in Abu Dhabi, Teheran und Istanbul einheitliche Richtlinien gibt. Besser als durch ihr eigenes widersprüchliches Handeln kann die Kultusministerkonferenz gar nicht unter Beweis stellen, wie sinnlos der Bildungsföderalismus ist.

Sie werden es ahnen: Wir glauben nicht daran, dass es der Kultusministerkonferenz gelingen wird, nunmehr mit einem Bildungsstaatsvertrag in Sachen Vergleichbarkeit der Schulabschlüsse entscheidende Fortschritte zu machen. Der Grund dafür ist – seit Jahrzehnten – ganz einfach und immer derselbe. Bitte erinnern Sie sich: Bayern lehnte einen »Nationalen Bildungsrat« ab, weil es nationalen Einfluss auf sein Schulsystem verhindern wollte. Ministerpräsident Söder begründete dies mit folgenden Worten: »Man kann eine neunjährige Schulzeit in Bayern nicht vergleichen mit einer neunjährigen in Bremen.«[113] Ja, eben! Das eigentliche Problem ist für Söder dabei gleichsam die Lösung. Gerade weil es diese Unterschiede gibt, will er sie erhalten und hält nach weiteren föderalen Hintertürchen Ausschau: »Eines ist tatsächlich unfair, dass die bayerischen Schülerinnen und Schüler sich wahnsinnig anstrengen und genau die gleichen Plätze bekommen bei Numerus Clausus-Fächern wie andere. Da werden wir uns in Bayern noch etwas einfallen lassen.«[114] Dass die Lösung des Problems ein einheitliches und damit gerechtes sowie niveauvolles Deutschland-Abitur wäre, kommt ihm erst gar nicht in den Sinn. Und diese Meinung wird Markus Söder nicht dadurch ändern, dass die Kultusminister aus dem »Nationalen« einen bloßen »Bildungsrat« gemacht haben und nun an einem Staatsvertrag werkeln. Auf Bayerns Vetokratie ist Verlass.

Allein dieser Blick auf die aktuellen Entwicklungen im Bildungsföderalismus und in der Kultusministerkonferenz zeigt: Der Bildungsföderalismus ist am Ende. Er ist unfähig, das Bildungswesen in Deutschland aus eigener Kraft zu ordnen. Wie lange und wie oft wollen wir uns davon eigentlich noch überzeugen? Es liegt mitnichten an einzelnen Personen. Der Föderalismus versagt in der Bildung nicht aufgrund der Schwächen der mit ihr betrauten Menschen, sondern weil er als System nicht funktionieren kann. Machen wir dazu ein kleines Gedankenexperiment: Stellen Sie sich vor, Sie seien Bildungsminister und wollten in der Kultusministerkonferenz ein echtes Zentralabitur durchsetzen. Wenn Sie aus Berlin oder Hamburg kommen, muss Ihnen dieser Plan Schweißperlen auf die Stirn treiben. Da es zahlreiche ernstzunehmende Hinweise gibt, dass die Unterschiede in den Abiturientenquoten der Länder auch eine Folge unterschiedlicher Anspruchsniveaus beim Abitur sind, ginge es ihren Abiturienten vermutlich an den Kragen. Das bedeutet: Ein historischer Kompromiss zwischen allen 16 Bundesländern zu einem einheitlichen Anforderungsniveau beim Abitur würde viele Verlierer produzieren.

Es gibt im Prinzip nur drei Möglichkeiten:

1. Wir einigen uns auf dem höchsten fachlichen Niveau, sagen wir, dem von Bayern oder Sachsen. In der Folge gäbe es Millionen von enttäuschten Schülern, Eltern und Großeltern und mit Sicherheit entsprechenden Unmut in den Ländern, in denen nun das Niveau angehoben werden muss. Und da die Termine für Landtagswahlen kontinuierlich auf der Zeitachse verteilt sind, ist schon jetzt absehbar, dass es immer Bundesländer geben wird, in denen sich die Regierungsparteien aus Angst vor einer drohenden Wahlniederlage einem solchen Kompromiss verweigern würden. Und in grundsätzlichen Fragen gilt in der Kultusministerkonferenz stets das Einstimmigkeitsprinzip…

2. Wir einigen uns auf dem niedrigsten fachlichen Niveau; Beispielländer nennen wir hier lieber keine. Fest steht, dass dann die durchschnittliche Abiturientenquote bundesweit weiter ansteigen würde, freilich mit bundesweit abgesenktem Niveau. Länder wie Bayern verlören allerdings ihr historisch erarbeitetes symbolisches Kapital und damit das Qualitätsversprechen für ihre schulischen Abschlüsse. Warum sollten sie dem zustimmen? Im Übrigen ist Bayern ja nicht nur im Bildungsbereich dafür bekannt, eine selbstbewusste Vetomacht zu sein.

3. Somit bliebe nur die dritte Option, und man müsste sich in der Mitte treffen, also bei Ländern wie Rheinland-Pfalz oder Baden-Württemberg. Aber dieser Kompromiss vereint bei Lichte gesehen nur die Nachteile der anderen beiden Möglichkeiten.

Die Regierungsparteien der Stadtstaaten müssten ihren Wählern trotzdem deutlich sinkende Abiturientenquoten erklären, während Bayern und Sachsen zusätzlich ihren guten Ruf verlören.

Der Bildungsföderalismus selbst ist also der strukturelle Grund, warum er sich nicht aufheben kann. Zu groß sind die Interessenunterschiede der Länder, als dass in der Kultusministerkonferenz eine einstimmige Einigung zu erwarten wäre. Und zu groß ist die Angst vor den Wählern und drohenden Wahlniederlagen. Damit liegt die Wahrscheinlichkeit der politischen Blockade bei annähernd einhundert Prozent.

Politisch gesehen gibt es nur drei Wege, wie man zu einem einheitlichen, niveauvollen und gerechten Abitur in Deutschland kommen könnte:

1. Die Kultusministerkonferenz zeigt Einsicht und regt einen Staatsvertrag an, der Deutschlands Schulsysteme tatsächlich angleicht und die Abschlüsse gleichwertig macht. Das ist aus den bereits genannten Gründen unwahrscheinlich. Aber selbst, wenn es gelänge: Dann müssten außerdem noch 16 Länderparlamente zustimmen, und spätestens hier wäre alles zu spät.

2. Eine führende deutsche Partei respektiert den überwältigenden Bürgerwillen, macht ein deutschlandweites Zentralabitur mit Abschaffung des Bildungsföderalismus zum zentralen Thema bei einer Bundestagswahl und gewinnt. Dann wäre das Grundgesetz zwar immer noch nicht geändert, aber der öffentliche Druck sehr groß. Allerdings spricht wenig dafür, dass es soweit kommen würde. Unternimmt eine führende deutsche Partei diesen Versuch, wird sie in ihrer eigenen Organisation sogleich mit ihren Länderfürsten und Länderinteressen in genau die gleichen Konflikte geraten, die schon innerhalb der Kultusministerkonferenz bestehen. Zudem wäre die

Blockademöglichkeit im Bundesrat groß. Auch dieses Szenario ist daher höchst unwahrscheinlich.

3. Es bleibt aus unserer Sicht nur eine einzige Möglichkeit, die vielfältigen Selbstblockaden der deutschen Politik im Bildungsföderalismus außer Kraft zu setzen. Und das ist eine *Volksabstimmung*. Die Meinung der übergroßen Mehrheit der Bevölkerung in dieser Angelegenheit ist völlig eindeutig. Und das Wahlvolk hat den Vorteil, selbst nicht von einer Wiederwahl abhängig zu sein. Es kann nach erfolgter Abstimmung seinen Zorn über so manche ungewohnte Zumutung, die mit einem echten Zentralabitur verbunden sein mag, weder auf die Institutionen des Staates noch die politischen Parteien abladen. Eine Volksabstimmung könnte außerdem ein erster Beitrag sein, Deutschland zu einer erwachsenen Demokratie zu entwickeln und das Vertrauen in den Staat und seine Handlungsfähigkeit wieder zu stärken. Dabei sind wir nicht so naiv zu glauben, dass Mehrheitsentscheidungen stets und ständig richtig sein müssen. Es spricht viel dafür, dass die Welt zu komplex ist, als dass man jede Entscheidung den Bürgerinnen und Bürgern vorlegen kann oder sollte. Allerdings spricht dies umgekehrt nicht dagegen, in staatsbürgerlichen Grundsatzfragen ihre Meinung einzuholen – zumal dann, wenn sie in diesen mit größerer Urteilskraft ausgestattet scheinen als jene, die dafür derzeit eigentlich verantwortlich zeichnen. Um einen Abitur-Dexit zu vermeiden, dürfte man natürlich nicht nur die Grundsatzfrage selbst stellen, sondern müsste sie auch mit den wichtigen Strukturfragen verbinden: Einheitlichkeit der Stundentafeln, Rahmenpläne, Bewertungssysteme usw. Andernfalls drohte ein No-Deal-Abitur.

Fassen wir letztmalig zusammen: Das Kernproblem des deutschen Bildungsföderalismus besteht in der Überkomplexität seiner

Organisation. Gibt es in einem System *zu viele* entscheidungsbefugte Stellen und hat niemand von ihnen die Richtlinienkompetenz inne, sind Chaos und Unordnung unvermeidlich. Wer also das deutsche Bildungssystem gerechter machen will, muss es zunächst vereinheitlichen. Und wer es vereinheitlichen will, muss seine Komplexität reduzieren. Dazu muss ein Akteur zum Mega-Akteur mit Richtlinienkompetenz erhoben werden. Nach Lage der Dinge kann es nur der Bund sein, der diese Richtlinienkompetenz ausfüllt. Nur wer bereit ist, die Unterrichtsinhalte und Stundentafeln zwischen den Ländern anzugleichen, kann ein echtes Zentralabitur mit bundesweit einheitlichen Abschlussprüfungen einführen. Nur ein echtes, bundesweites Zentralabitur kann die Vergleichbarkeit der Schulabschlüsse und Noten und damit Gerechtigkeit sicherstellen. Und nur eine Volksabstimmung kann dem Bund die dafür nötige Macht verleihen. Auch das setzt freilich eine Änderung des Grundgesetzes voraus. Aber: Wer von all dem nicht reden will, möge von Gerechtigkeit, Gleichwertigkeit und angemessenem Leistungsniveau beim Abitur schweigen.

Ein Gruß an unsere Kritiker

Ja, es ist wahr: Das alles wäre noch viel differenzierter zu betrachten, alles ist auch noch viel komplexer und manches aus Gründen der Veranschaulichung vereinfacht und polemisch zugespitzt. Über das Thema der Unzulänglichkeiten und Ungerechtigkeiten im deutschen Schulsystem ließen sich mühelos Hunderte von Seiten schreiben. Das haben ja auch schon viele getan.

Dass sich die bildungspolitische und -wissenschaftliche Debatte dabei noch verworrener darstellen muss als die Wirklichkeit selbst, kann nicht wirklich überraschen. Wenn ein System, das in sich ungerecht, unüberschaubar, unlogisch und ineffizient ist, dennoch gerechtfertigt werden soll, muss es von einer Erzählung überwölbt werden, die aus all den Widersprüchlichkeiten dennoch ein scheinbar kohärentes Ganzes macht. Die Theorie über den Bildungsföderalismus muss also noch komplexer sein als seine Wirklichkeit. Schließlich wird von ihr letztlich etwas Unmögliches verlangt.

Deshalb gehen Sie gern ans Werk und weisen Sie uns nach, welche bildungstheoretischen Diskurse wir ungenügend zur Kenntnis, welche Sonderregelung für diese oder jene Art von Gymnasium wir nicht aufgezählt oder welche Debatte wir verkürzt wiedergegeben haben. Schließlich könnten Sie uns natürlich auch noch dafür kritisieren, dass wir keine »gendergerechte Sprache« verwendet haben. Wir sehen dem gelassen entgegen, denn höhere Komplexität führt noch lange nicht zu dem, worum es uns geht: mehr Gerechtigkeit auf einem fachlich angemessenen Niveau.

Anmerkungen

Vorwort

1   Fukuyama 2019: 190.

Unser Abitur: Niveaulos und ungerecht!

2   Ein eindrückliches Beispiel hierfür liefert Allmendinger 2012. Eine differenzierte Position hingegen bezieht Brenner 2010.

3   Brenner 2010: 115.

4   Baumert et al. 2002, Prenzel et al. 2005 und 2008 sowie Pant et al. 2013, Stanat et al. 2016.

5   Pant et al. 2013: 407.

6   Für Experten: Diese zugespitzte Interpretation der Datenlage dürfte von Seiten der empirischen Bildungsforschung auf Widerspruch stoßen. Zwar wird der Einfluss der Gymnasialbesuchsquote auf das mittlere Kompetenzniveau nicht bestritten, ihr mittlerweile jedoch eine nur geringe Erklärungskraft zugesprochen. Zudem sind die Befunde in den einzelnen Studien keinesfalls einheitlich, bisweilen im historischen Vergleich sogar widersprüchlich. Während zum Beispiel noch in PISA 2000 bei den Naturwissenschaften »ein systematischer negativer Zusammenhang zwischen der Expansion des Gymnasiums und dem mittleren Kompetenzniveau von Gymnasiastinnen und Gymnasiasten nachweisbar« (Baumert et al. 2002: 227) schien, soll sich dieser Zusammenhang gemäß neuerer Untersuchungen nahezu aufgelöst haben (Stanat 2019 et al.: 222). Diese Befunde sind anthropologisch und ontologisch paradox, können allerdings auch nicht überraschen.

Ist nämlich zum Beispiel, wovon wir mit guten Gründen ausgehen, parallel zum Anstieg der Gymnasialbesuchsquote das Anforderungsniveau des schulischen Unterrichts Schritt für Schritt gesunken – und dies in den einzelnen Ländern auch noch in verschiedenem Ausmaß –, leidet zwangsläufig die statistische Erklärungskraft.

Da keine vergleichbaren Längsschnittdaten aus den letzten Jahrzehnten vorliegen und die neueren Studien daher an zeitgenössischen Schülerkohorten normiert wurden, ist es wahrscheinlich, dass der Zusammenhang zwischen steigender Gymnasialbesuchsquote und geringerem Kompetenzniveau aus statistischen Gründen weitestgehend »unsichtbar« wurde.

Mit anderen Worten: Die Einflussfaktoren auf schulischen Lernerfolg bzw. schulische Abschlüsse sind derart zahlreich und können sich historisch spezifisch derart überlagern und dadurch »Unsichtbarkeiten« erzeugen, dass die empirische Bildungsforschung letztlich einer Donquichotterie gleicht. Das ist auch einer der Gründe dafür, dass die entsprechenden Studien nur bedingt als Grundlage für schulpolitische Steuerung taugen. Es verhält sich hier erkenntnistheoretisch wie mit dem Kantischen »Ding an sich«: Die Tatsache, dass wir uns die Welt nur vermittels unserer Sinnesorgane und Kategorien auf bestimmte Weise erschließen können, bedeutet nicht, dass es keine objektive Welt gibt, die unsere Welt im Hintergrund auf fundamentale Weise strukturiert.

Geht man davon aus, dass die Kompetenzniveaus (und die Intelligenz) normalverteilt sind – was auch die Autoren oben genannter Studien letztlich tun –, muss (bei angemessener Leistungserwartung) ceteris paribus mit steigender Gymnasialbesuchsquote das mittlere Kompetenzniveau sinken. Dagegen spricht nicht, dass bei geringer Gymnasialbesuchsquote auch unterdurchschnittliche Leistungen auftreten können, zum Beispiel aufgrund schlechten Unterrichts. Allerdings ist der umgekehrte Zusammenhang zwingend: Ohne überdurchschnittliches Leistungsvermögen sind auch keine überdurchschnittlichen schulischen Leistungen möglich. Und dieses überdurchschnittliche Leistungsvermögen kommt nicht allen Menschen gleichermaßen zu. Um dies anzuerkennen bedarf es keiner empirischen Bildungsforschung heutigen Zuschnitts, sondern einer anthropologisch fundierten Theorie der Bildung.

7   BVerfG 2017: RN 176–179.
8   Nida-Rümelin 2014.
9   ebd.: 135.

Der Morbus Germann oder: Das deutsche Abitur im Chaos

10   Grossarth 2014.

11   KMK 2018: 4.

12   ebd.: 5.

13   ebd. 2018: 17. Wer die Fachhochschulreife erwerben will, muss lediglich »in mindestens 60 v. H. der insgesamt anzurechnenden Schulhalbjahresergebnisse mindestens je 5 Punkte, darunter mindestens zwei Schulhalbjahresergebnisse aus Fächern mit erhöhtem Anforderungsniveau« (ebd.: 20), aufweisen. Zudem muss er insgesamt weniger als ein Drittel der Mindestpunktzahl eines Abiturienten erzielen. Sachsen und Bayern sehen die Fachhochschulreife in der gymnasialen Oberstufe allerdings nicht vor und erkennen folglich auch nicht die Abschlüsse der anderen Länder an.

14   Als »Griechische Landschildkröte« hatte einst Jürgen Möllemann die Kultusministerkonferenz bezeichnet (Der Spiegel 1990: 63).

Bildungsföderalismus – 70 Jahre Scheitern

15   KMK 2014: 16.

16   BVerfG 1957: RN 199.

17   Forsa 2009: 10.

18   Zukunft durch Bildung 2011: 8.

19   Wößmann et al. (2014): 26 sowie Wößmann et al. (2015): 39.

20   ZDF 2019; Petersen 2019.

21   Allmendinger 2012: 271.

22   ebd.: 283.

23   Oelkers 2011: 32.

24   Bertelsmann et al., 2014: 7.

25   KMK 2019a.

26   Siehe Fuchs 2004.

27   Dahrendorf 1966: 48.

28   Fuchs 2004: 367.

29   Neumann 2009: 21.

30   Deutscher Bundestag 1978: 5.

31   Es handelt sich hierbei um Mecklenburg-Vorpommern, Sachsen, Sachsen-Anhalt und Thüringen.

32   Siehe Wößmann 2008.

33   KMK 2017: 5.

34 Karliczek 2018.

35 Wiarda 2018.

36 Söder zit. nach Burchard 2019.

37 So der KMK-Präsident Lorz (Wiarda 2019b).

38 Ähnlich skeptisch äußert sich unter anderen auch Klaus Klemm, einer der bedeutendsten deutschen Bildungsforscher, in einem Interview mit Deutschlandfunk (Klemm 2019).

39 So zum Beispiel der Schulsenator von Hamburg (Rabe 2019).

40 Karliczek 2019b.

41 Karliczek 2019a.

Das heutige »Zentralabitur«: Ein bildungspolitischer Fake

42 Noch heute sind in den meisten Fächern diese EPA gültig, da es Bildungsstandards bisher nur für die Fächer Mathematik, Deutsch, Englisch und Französisch gibt. Siehe https://www.kmk.org/themen/ allgemeinbildende-schulen/bildungswege-und-abschluesse/ sekundarstufe-ii-gymnasiale-oberstufe-und-abitur.html.

43 Schavan 1999: 173.

44 Schavan 2001: 7.

45 Tenorth 2001.

46 ebd.: 15.

47 ebd.: 20.

48 Kammler/Switalla 2001: 103f.

49 Klieme et al. 2003.

50 ebd.: 93.

51 ebd.: 9; Hervorhebung im Original.

52 ebd.: 53.

53 Die Mathematiker haben als einzige unter den Vertretern der vier Fächer anhand von Bildungsstandards der Allgemeinen Hochschulreife darauf hingewirkt, dass ihr fachlicher Kanon nicht gänzlich unter die Räder kommt. Sie haben ihn mittels ihrer »Leitideen« geschickt wieder durch die Hintertür eingeschleust. Im Gegensatz dazu haben sich die Fächer Englisch und Französisch derart ins Formale aufgelöst, dass es für sie beide exakt dieselben Bildungsstandards gibt.

54 KMK 2012: 18.

55   Derzeit werden auch Bildungsstandards für die naturwissenschaft-
     lichen Fächer Physik, Chemie und Biologie erarbeitet. Sie sollen
     Mitte des nächsten Jahrzehnts vorliegen. Ob diese Fächer dann
     ebenfalls in den Aufgabenpool einbezogen werden, ist noch nicht
     entschieden, aber wahrscheinlich. Der Beschluss über die Erstel-
     lung der Bildungsstandards stammt übrigens aus dem Jahr 2007
     und könnte doch tatsächlich nach rund 20 Jahren endlich umge-
     setzt sein. Da es aber insgesamt mehrere Dutzend Abiturprüfungs-
     fächer gibt, würden bei diesem Tempo auf dem Weg zum »Zentral-
     abitur« noch rund 80 Jahre vergehen. Das dürfte nicht einmal eine
     Landschildkröte überleben.
56   Vgl. IQB 2019a.
57   IQB 2018.
58   ebd.: 9.
59   Spiewak 2019.
60   Das soll sich nach einem Beschluss der Amtschefkommission ab
     2021 schlagartig ändern. Bis dahin allerdings soll es bei der »inter-
     nen Evaluation« bleiben.
61   IQB 2019b: 2.
62   ebd.: 37.
63   ebd.: 6.
64   IQB 2019c.
65   ebd.: 4.
66   KMK 2017: 3.
67   Operatoren – das sind in den Regelungen der Kultusministerkon-
     ferenz die Verben, die den Arbeitsauftrag definieren. Vor diesem
     Hintergrund ist klar, dass zwischen den Operatoren »Bestimmen«
     und »Berechnen« oder »Entscheiden« und »Begründen« Welten
     liegen, und zwar weit jenseits einfacher Formulierungsalternativen.
68   IQB 2019b: 41ff.
69   Zit. nach Spiewak 2019.
70   KMK 2019b.
71   IQB 2019d: 3ff.
72   Michallik 2019.
73   Prien et al. 2019.

Drei Antworten auf die Misere

74 So CSU-Generalsekretär Blume in der FAZ vom 19. Juli 2019.
75 Kasper 2012: 127.
76 Keynes 1994: 110.
77 Kaube 2019: 243.
78 BVerfG 2017: RN 101.
79 Rost 2013: 14ff.
80 CDU/SPD 2005: Zeile 1789f; Hervorhebung d. A.
81 Z. B. Leucht/Kampa/Köller 2016: 20.
82 ebd.: 43.
83 Köller et al. 2004, Trautwein et al. 2007.
84 Leucht/Kampa/Köller 2016.
85 ebd.: 36.
86 ebd.: 18.
87 ebd.: 292.
88 ebd.: 167.
89 Hattie 2013: 87ff.
90 Leucht/Kampa/Köller 2016: 49.
91 DIPF 2018: 120ff.
92 ebd.: 165ff.
93 Leucht/Kampa/Köller 2016.: 140; vgl. auch S. 290.
94 Einer der Autoren muss somit eine einst von ihm vertretene, von den Studien der OECD beeinflusste Position demutsvoll räumen. Siehe Brodkorb 2003.
95 Stern/Neubauer 2013: 249.
96 Klein 2016: 15ff.
97 Klein 2019: 12.
98 Siehe auch Fend 2008.
99 Brenner 2012: 33.
100 Beispielhaft hierzu Erdsiek-Rave/John-Ohnesorg 2012.
101 Kaube 2019: 182f.
102 Liessmann 2011: 35.
103 Kaube 2019: 306.
104 Spitzer 2010: 50ff.
105 Brenner 2012: 33.

106 Dass das heute noch nicht der Fall ist, liegt daran, dass sich das Saarland bisher in der Kultusministerkonferenz durchsetzen konnte. Hier besteht man auf der Gleichwertigkeit des Faches Französisch.

Legt die Entscheidung in die Hände des Volkes!

107 Eisenmann in Wiarda 2019a.

108 Eisenmann 2018.

109 Holter in Wiarda 2019a.

110 Eisenmann in Wiarda 2019a.

111 Siehe KMK 2015a und 2015b.

112 Das liegt daran, dass selbstverständlich auch in den Vereinbarungen zum deutschen Auslandsabitur Ausnahmen von der Regel zentraler Prüfungen zugelassen werden.

113 Söder zit. nach BR 2019.

114 ebd.

Literatur

Allmendinger, Jutta (2012): Schulaufgaben. Wie wir das Bildungssystem verändern müssen, um unseren Kindern gerecht zu werden, München.

Baumert, Jürgen/Artelt, Cordula/Klieme, Eckhard/Neubrand, Michael/Prenzel, Manfred/Schiefele, Ulrich/Schneider, Wolfgang/Tillmann, Klaus-Jürgen/Weiß, Manfred (Hrsg.) (2002): PISA 2000 – Die Länder der Bundesrepublik Deutschland im Vergleich, Opladen.

Baumert, Jürgen/Bos, Wilfried/Lehmann, Rainer (Hrsg.) (2000): TIMSS/III. Dritte internationale Mathematik- und Naturwissenschaftsstudie – Mathematische und naturwissenschaftliche Bildung am Ende der Schullaufbahn. Band 2, Opladen.

Bayerischer Rundfunk (2019): Bayern steigt aus Nationalem Bildungsrat aus, 24. November 2019; Quelle: https://www.br.de/nachrichten/bayern/bayern-steigt-aus-nationalem-bildungsrat-aus,Rij7M8u, zuletzt aufgerufen am 27. Dezember 2019.

Bertelsmann Stiftung, Deutsche Telekom Stiftung, Robert Bosch Stiftung (2014): Bildungsföderalismus mit Zukunft; Quelle: https://www.bosch-stiftung.de/sites/default/files/documents/2018-01/Positionspapier_Bildungsfoederalismus_2014.pdf, zuletzt abgerufen am 11. August 2019.

Brenner, Peter J. (2010): Bildungsgerechtigkeit, Stuttgart.

ders. (2012): Die kulturelle Bindekraft kanonischen Wissens, in: Erdsiek-Rave, Ute/John-Ohnesorg, Marei (Hrsg.): Bildungskanon heute, Berlin, S. 27–33.

Brodkorb, Mathias (2003): Die Zukunft der Hochschullandschaft von Mecklenburg-Vorpommern bis 2020, Schwerin.

Bundesverfassungsgericht (BVerfG): Urteil vom 26. März 1957 – 2 BvG 1/55, Ziffer 199; Quelle: https://openjur.de/u/2063191.html, zuletzt aufgerufen am 29. Juli 2019.

dass.: Urteil vom 19. Dezember 2017 – 1 BvL 3/14, 4/14; Quelle: https://www.bundesverfassungsgericht.de/SharedDocs/Entscheidungen/DE/2017/12/ls20171219_1bvl000314.html, zuletzt aufgerufen am 13. August 2019.

Burchard, Amory (2019): Söder zieht Bayern aus Nationalem Bildungsrat zurück, in: Der Tagesspiegel, 24. November 2019; Quelle: https://www.tagesspiegel.de/politik/wir-brauchen-kein-berliner-zentralabitur-soeder-zieht-bayern-aus-nationalem-bildungsrat-zurueck/25262996.html, zuletzt aufgerufen am 27. Dezember 2019.

CDU/SPD (2005): Koalitionsvertrag zwischen CDU, CSU und SPD: Gemeinsam für Deutschland – mit Mut und Menschlichkeit; Quelle: https://www.kas.de/c/documentlibrary/getfile?uuid=16f196dd-0298-d416-0acb-954d2a6a9d8d&groupId=252038; zuletzt aufgerufen am 1. Juli 2019.

Dahrendorf, Ralf (1966): Bildung ist Bürgerrecht. Hamburg.

DER SPIEGEL (1990): Der Charme der Kröte. 52/1990, S. 63.

Deutscher Bundestag (1978): Bericht über strukturelle Probleme des föderativen Bildungssystems. Drucksache 8/1551, Bonn.

Deutsches Institut für Internationale Pädagogische Forschung (DIPF) (2018): Bildung in Deutschland 2018. Ein indikatorengestützter Bericht mit einer Analyse zu Wirkungen und Erträgen von Bildung; Quelle: https://www.bildungsbericht.de/de/bildungsberichte-seit-2006/bildungsbericht-2018/pdf-bildungsbericht-2018/bildungsbericht-2018.pdf, zuletzt aufgerufen am 13. August 2019.

Eisenmann, Susanne (2018): Neuer Bildungsstaatsvertrag für mehr Transparenz und Vergleichbarkeit (Pressemitteilung); Quelle: https://km-bw.de/,Lde/Startseite/Service/2018+12+13+Staatsvertrag+fuer+Bildung/?LISTPAGE=5436459, zuletzt aufgerufen am 16. August 2019.

Erdsiek-Rave, Ute/John-Ohnesorg, Marei (Hrsg.) (2012): Bildungskanon heute, Berlin.

F. A. Z (2019): CSU lehnt Zentralabitur kategorisch ab. In F. A. Z vom 19. Juli 2019; Quelle: https://www.faz.net/aktuell/beruf-chance/zentralabitur-debatte-csu-lehnt-forderung-von-lindner-ab-16292756.html; zuletzt aufgerufen am 11. August 2019

Fend, Helmut (2008): Neue Theorie der Schule. Einführung in das Verstehen von Bildungssystemen, 2008.

Forsa (2009): Familie und Wahl, Berlin.

Fuchs, Hans-Werner (2004): Gymnasialbildung im Widerstreit. Die Entwicklung des Gymnasiums seit 1945 und die Rolle der Kultusministerkonferenz, Frankfurt am Main.

Fukuyama, Francis (2019): Identität. Wie der Verlust der Würde unsere Demokratie gefährdet, Hamburg.

Grossarth, Jan (2014): Vergleichbarkeit? Von wegen!, in: F.A.Z. vom 13. August 2014; Quelle: https://www.faz.net/aktuell/beruf-chance/campus/vergleichbarkeit-von-abiturnoten-13086933/ein-rechenbeispiel-fuer-die-13088717.html, zuletzt aufgerufen am 27. August 2019.

Hattie, John (2013): Lernen sichtbar machen, Hohengehren.

Institut zur Qualitätsentwicklung im Bildungswesen/IQB (2018): Evaluation von Aufgaben der Pools für das Prüfungsjahr 2017; Quelle: https://www.iqb.hu-berlin.de/abitur/evaluation/PoolsfrdasPrfung.pdf, zuletzt aufgerufen am 30. Juli 2019.

dass. (2019a): Gemeinsame Abituraufgabenpools der Länder; Quelle: https://www.iqb.hu-berlin.de/abitur, zuletzt aufgerufen am 22. Juli 2019.

dass. (2019b): Gemeinsame Abituraufgabenpools der Länder. Evaluation zum Prüfungsjahr 2018. Bericht zur Nutzung der Aufgaben; Quelle: Dürfen wir nicht verraten!

dass. (2019c): Zwischenbericht über den Stand der Arbeiten. Projekt »Gemeinsame Abituraufgabenpools der Länder sowie Bildungsstandards der Allgemeinen Hochschulreife in den naturwissenschaftlichen Fächern« – zweite Phase; Zuwendungsbescheid über die Finanzierung der Länder im Zeitraum 2017 bis 2020 vom 23. Januar 2017 366. KMK, Vorlage zu TOP 7.1 – Anlage 1.

dass. (2019d): Gemeinsame Abituraufgabenpools der Länder Rahmenbedingungen der Abiturprüfungen der Länder. Mögliche Annäherung der Länder – Aspekte, die relevant sind hinsichtlich der Modifikation von Aufgaben der Pools durch die Länder (Stand: 08. Mai 2019) 366. KMK, Anlage 2.

dass. (2019e): 366. Gemeinsame Abituraufgabenpools der Länder; Perspektive für die Nutzung ab dem Prüfungsjahr 2021 (06./07. Juni 2019) 366. KMK, TOP 7.

Kammler, Clemens/Switalla, Bernd (2001): Qualität des Deutschunterrichts – Kernkompetenzen, in: Tenorth (Hrsg.) 2001, Weinheim und Basel, S. 103–123.

Karliczek, Anja (2018): Wie ich mir den Nationalen Bildungsrat vorstelle; Quelle: https://www.jmwiarda.de/2018/05/03/wie-ich-mir-den-nationalen-bildungsrat-vorstelle/, zuletzt aufgerufen am 04. August 2019

dies. (2019a): Interview im Bonner Generalanzeiger vom 12. Juli 2019; Quelle: https://www.jmwiarda.de/2018/05/03/wie-ich-mir-den-nationalen-bildungsrat-vorstelle/, zuletzt abgerufen am 16. August 2019.

dies. (2019b): Kultusminister beschließen neuen Bildungsrat mit weniger Einfluss des Bundes, swr aktuell vom 06. Dezember 2019; Quelle: https://www.swr.de/swraktuell/Kultusminister-einigen-auf-Schritte-nach-Aus-fuer-Bildungsrat,einigung-kultusminister-100.html, zuletzt abgerufen am 14. Dezember 2019.

Kasper, Ralf (2012): Die Bedeutung eines allgemeinen Bildungskanons für die Gestaltung von Schulbüchern, in: Erdsiek-Rave, Ute/John-Ohnesorg, Marei (Hrsg.): Bildungskanon heute, Berlin, S. 122–127.

Kaube, Jürgen (2019): Ist die Schule zu blöd für unsere Kinder?, Berlin.

Keynes, John-Maynard (1994): Allgemeine Theorie der Beschäftigung, des Zinses und des Geldes, Berlin (zuerst 1936).

Klein, Hans Peter (2016): Vom Streifenhörnchen zum Nadelstreifen. Das deutsche Bildungswesen im Kompetenztaumel, Springe.

ders. (2019): Abitur und Bachelor für alle – wie ein Land seine Zukunft verspielt, Springe.

Klemm, Klaus (2019): Wir lernen nicht von unseren eigenen Forschungsergebnissen, Interview mit Jürgen Zurheide, Deutschlandfunk vom 07. Dezember 2019; Quelle: https://www.deutschlandfunk.de/streit-um-nationalen-bildungsrat-wir-lernen-nicht-von.694.de.html?dram:article_id=465310, zuletzt aufgerufen am 14. Dezember 2019.

Klieme, Eckhard et al. (2003): Zur Entwicklung nationaler Bildungsstandards. Expertise; Quelle: https://edudoc.ch/record/33468/files/develop_standards_nat_form_d.pdf, zuletzt aufgerufen am 30. Juli 2019.

Köller, Olaf/Watermann, Ulrich/Trautwein, Rainer/Lüdtke, Oliver (Hrsg.) (2004): Wege zur Hochschulreife in Baden-Württemberg. TOSCA – eine Untersuchung an allgemein bildenden und beruflichen Gymnasien, Opladen.

Kultusministerkonferenz/KMK (2012): Bildungsstandards im Fach Deutsch für die Allgemeine Hochschulreife (Beschluss der Kultusministerkonferenz vom 18. Oktober 2012); Quelle: https://www.kmk.org/fileadmin/Dateien/veroeffentlichungen_beschluesse/2012/2012_10_18-Bildungsstandards-Deutsch-Abi.pdf, zuletzt aufgerufen am 26. September 2019.

dies. (2014): Das Bildungswesen in der Bundesrepublik Deutschland 2012/2013. Darstellung der Kompetenzen, Strukturen und bildungspolitischen Entwicklungen für den Informationsaustausch in Europa, Bonn; Quelle: http://www.istp2016.org/fileadmin/Redaktion/Dokumente/documentation/dossier_de_ebook.pdf, zuletzt aufgerufen am 15. August 2015.

dies. (2015a): Deutsches Internationales Abitur. Ordnung zur Erlangung der Allgemeinen Hochschulreife an Deutschen Schulen im Ausland, Beschluss der Kultusministerkonferenz vom 11. Juni 2015; Quelle: https://www.kmk.org/fileadmin/Dateien/veroeffentlichungen_beschluesse/2015/2015_06_11-PO-Deutsches-Internationales-Abitur.pdf, zuletzt aufgerufen am 2. Januar 2020.

dies. (2015b): Richtlinien für die Ordnung zur Erlangung der Allgemeinen Hochschulreife an Deutschen Schulen im Ausland – »Deutsches Internationales Abitur«, Beschluss der Kultusministerkonferenz vom 11. Juni 2015; Quelle: https://www.kmk.org/fileadmin/Dateien/veroeffentlichungen_beschluesse/2015/2015_06_11-Richtlinien-Deutsches-Intern-Abitur.pdf, zuletzt aufgerufen am 2. Januar 2020.

dies. (2017): FAQs: Gemeinsamer Abituraufgabenpool der Länder vom 13. Januar 2017; Quelle: https://www.kmk.org/fileadmin/Dateien/pdf/Bildung/AllgBildung/FAQs-Abiturpool.pdf, zuletzt aufgerufen am 30. Juli 2019.

dies. (2018): Vereinbarung zur Gestaltung der gymnasialen Oberstufe und der Abiturprüfung in der Fassung vom 15. Februar 2018; Quelle: https://www.kmk.org/fileadmin/Dateien/veroeffentlichungen_beschluesse/1972/1972_07_07-VB-gymnasiale-Oberstufe-Abiturpruefung.pdf, zuletzt aufgerufen am 30. Juli 2019.

dies. (2019a): Aufgaben der Kultusministerkonferenz, 2019; Quelle: https://www.kmk.org/kmk/aufgaben.html, zuletzt aufgerufen am 29. Juli 2019.

dies. (2019b): Ergebnisniederschrift über die 366. Kultusministerkonferenz am 06./07. Juni 2019, Wiesbaden.

Leucht, Michael/Kampa, Nele/Köller, Olaf (Hrsg.) (2016): Fachleistungen beim Abitur. Vergleich allgemeinbildender und beruflicher Gymnasien in Schleswig-Holstein, Münster – New York.

Liessmann, Konrad Paul (2011): Theorie der Unbildung, München.

Michallik, Udo (2019): Prüfungspool stellt ausreichende Vergleichbarkeit her, Interview mit Kate Maleike, Deutschlandfunk vom 18. Juli 2019; Quelle: https://www.deutschlandfunk.de/kmk-generalsekretaer-zum-zentralabitur-pruefungspool-stellt.680.de.html?dram:article_id=454226, zuletzt aufgerufen am 30. Juli 2019.

Neumann, Marko (2009): Aktuelle Problemfelder der gymnasialen Oberstufe und des Abiturs: Öffnung von Wegen zur Hochschulreife, Umbau des Kurssystems und die Vergleichbarkeit von Abiturleistungen. Dissertation an der Freien Universität Berlin.

Neumann, Marko/Nagy, Gabriel (2007): Naturwissenschaftliche Grundbildung am Ende der Sekundarstufe II, in: Trautwein, Ulrich/Köller, Olaf/Lehmann, Rainer/Lüdtke, Oliver (Hrsg.), Schulleistungen von Abiturienten. Regionale, schulformbezogene und soziale Disparitäten, Münster, S. 143–159.

Nida-Rümelin, Julian (2014): Der Akademisierungswahn. Zur Krise beruflicher und akademischer Bildung, Hamburg.

Oelkers, Jürgen (2011): Bildungsföderalismus und Kooperationsverbot. Expertise für die Deutsche Telekom Stiftung und die Robert Bosch Stiftung; Quelle: https://jugendsozialarbeit.news/media/raw/Expertise_Bildungsfoederalismus_und_Kooperationsverbot.pdf, zuletzt abgerufen am 11. August 2019.

Pant, Hans Anand/Stanat, Petra/Schroeders, Ulrich/ Roppelt, Alexander/ Siegle, Thilo/Pöhlmann, Claudia (Hrsg.) (2013): IQB-Ländervergleich 2012. Mathematische und naturwissenschaftliche Kompetenzen am Ende der Sekundarstufe I, Münster – New York – München – Berlin.

Petersen, Thomas (2019): Parallelwelt Schulpolitik, in: F.A.Z. vom 21. August 2019, Frankfurt am Main, S. 8.

Prenzel, Manfred/Baumert, Jürgen/Blum, Werner/ Lehmann, Rainer/Leutner, Detlev/Neubrand, Michael/Pekrun, Reinhard/Rost, Jürgen/Schiefele, Ulrich (Hrsg.) (2005): PISA 2003. Der zweite Vergleich der Länder in Deutschland – Was wissen und können Jugendliche? Münster.

Prenzel, Manfred/Artelt, Cordula/Baumert, Jürgen/Blum, Werner/Hammann, Marcus/Klieme, Eckhard/Pekrun, Reinhard (Hrsg.) (2008): PISA 2006 in Deutschland. Die Kompetenzen der Jugendlichen im dritten Ländervergleich, Münster.

Prien, Karin/Rabe, Ties/Schleicher, Andreas/Wassmuth, Stefan (2019): Endlich einheitlich. Wann kommt das Zentralabitur? Gespräch mit Benedikt Schulz, Deutschlandfunk vom 27. Juli 2019; Quelle: https:// www.deutschlandfunk.de/endlich-einheitlich-wann-kommt-das-zentralabitur.680.de.html?dram:article_id=454761, zuletzt aufgerufen am 30. Juli 2019.

Rabe, Ties (2019): Kultusminister beschließen neuen Bildungsrat mit weniger Einfluss des Bundes, swr aktuell vom 06. Dezember 2019; Quelle: https://www.swr.de/swraktuell/Kultusminister-einigen-auf-Schritte-nach-Aus-fuer-Bildungsrat,einigung-kultusminister-100. html, zuletzt aufgerufen am 14. Dezember 2019.

Rost, Detlef (2013): Handbuch Intelligenz. Weinheim 2013.

Schavan, Annette (1999): Verpflichtung und Anspruch. Bildungskanon und lebenslanges Lernen, in: Forschung und Lehre 4/1999, S. 172–174

dies. (2001): Vorwort, in: Tenorth (Hrsg.) (2001): Kerncurriculum Oberstufe. Mathematik – Deutsch – Englisch, Weinheim und Basel, S. 7–9.

Spiewak, Martin (2019): Abitur: Ist das denn so schwer?, in: Zeit 27/2019, 26. Juni 2019; Quelle: https://www.zeit.de/2019/27/abitur-pruefungen-schulpolitik-kultusminister-willkuer, zuletzt aufgerufen am 1. September 2019.

Spitzer, Manfred (2010): Medizin für die Bildung, Heidelberg.

Stanat, Petra/Böhme, Katrin/Schipolowski, Stefan/Haag, Nicole (Hrsg.) (2016): IQB-Bildungstrend 2015. Sprachliche Kompetenzen am Ende der 9. Jahrgangsstufe im zweiten Ländervergleich, Münster – New York.

Stanat, Petra/Schipolowski, Stefan/Mahler, Nicole/Weirich, Sebastian/ Henschel, Sofie (Hrsg.) (2019): IQB-Bildungstrend 2018. Mathematische und naturwissenschaftliche Kompetenzen am Ende der Sekundarstufe I im zweiten Ländervergleich, Münster.

Stern, Elsbeth/Neubauer, Aljoscha (2013): Intelligenz. Große Unterschiede und ihre Folgen, München.

Tenorth, Heinz-Elmar (Hrsg.) (2001): Kerncurriculum Oberstufe. Mathematik – Deutsch – Englisch, Weinheim und Basel.

Trautwein, Ulrich/Köller, Olaf/Lehmann, Rainer/Lüdtke, Oliver (Hrsg.). (2007): Schulleistungen von Abiturienten: Regionale, schulformbezogene und soziale Disparitäten. Münster.

Wiarda, Jan-Martin (2018): Jetzt ist die KMK an der Reihe; Quelle: https://www.jmwiarda.de/2018/01/15/jetzt-ist-die-kmk-an-der-reihe/, zuletzt abgerufen am 04. August 2019.

ders. (2019a): »Wenn wir nicht aufpassen, machen wir Länder uns in der Bildungspolitik selbst überflüssig«; Quelle: https://www.jmwiarda.de/2019/07/04/wenn-wir-nicht-aufpassen-machen-wir-l%C3%A4nder-uns-in-der-bildungspolitik-selbst-%C3%BCberfl%C3%BCssig/, zuletzt aufgerufen am 04. August 2019.

ders. (2019b): »Nichts präjudizieren oder ausschließen«; Quelle: https://www.jmwiarda.de/2019/12/06/nichts-pr%C3%A4judizieren-oder-ausschlie%C3%9Fen/, zuletzt aufgerufen am 14. Dezember 2019.

Wößmann, Ludger (2008): Zentrale Abschlussprüfungen und Schülerleistungen. Individualanalysen anhand von vier internationalen Tests, in: Zeitschrift für Pädagogik 54, S. 810–826.

Wößmann, Ludger/Lergetporer, Philipp/Kugler, Franziska/Werner, Katharina (2014): Was die Deutschen über die Bildungspolitik denken – Ergebnisse des ersten ifo Bildungsbarometers, in: ifo Schnelldienst 18/2014, S. 16–33; Quelle: https://www.ifo.de/DocDL/ifosd-2014-18-2.pdf; zuletzt aufgerufen am 11. Februar 2020.

Wößmann, Ludger/Lergetporer, Philipp/Kugler, Franziska/Oestreich, Laura/Werner, Katharina (2015): Deutsche sind zu grundlegenden Bildungsreformen bereit – Ergebnisse des ifo Bildungsbarometers 2015, in: ifo Schnelldienst, 2015, 68, Nr. 17, S. 29–50; Quelle: https://www.ifo.de/DocDL/sd-2015-17-woessmann-etal-bildungsbarometer.pdf; zuletzt aufgerufen am 11. Februar 2020.

ZDF (2019): Deutliche Mehrheit für Zentralabi; Quelle: https://www.zdf.de/nachrichten/heute/deutliche-mehrheit-in-deutschland-fuer-zentralabitur-100.html, zuletzt aufgerufen am 16. August 2019.

»Zukunft durch Bildung – Deutschland will's wissen«. Eine Initiative von Roland Berger Strategy Consultants, der Bertelsmann Stiftung, BILD und Hürriyet (ZdB) (2011); Quelle: http://www.bildung2011.de/download/Ergebnisse-der-Online-Buergerbefragung.pdf, zuletzt aufgerufen am 14. August 2015.

Die Autoren

Mathias Brodkorb, geboren 1977, studierte Philosophie und Altgriechisch. Von 2002 bis 2019 gehörte er für die SPD dem Landtag von Mecklenburg-Vorpommern an. Von 2011 bis 2016 war er Minister für Bildung, Wissenschaft und Kultur und von 2016 bis 2019 Finanzminister des Landes Mecklenburg-Vorpommern.

Katja Koch, geboren 1970, studierte Sonderpädagogik und habilitierte sich, nach Referendariat und Promotion in Rostock, im Jahr 2007 in Würzburg. Seit 2008 ist sie Professorin für Sonderpädagogische Entwicklungsförderung an der Universität Rostock.

Bildungsthemen bei zuKlampen!

Hans Peter Klein

**Abitur und Bachelor für alle –
wie ein Land seine Zukunft verspielt**

220 Seiten, 13 x 20 cm, Hardcover
ISBN 978-3-86674-593-3

Jahr für Jahr drängen mehr Abiturienten ins Studium, ohne dafür die notwendigen Voraussetzungen mitzubringen. Demgegenüber verliert die praxisorientierte duale Ausbildung zunehmend an Ansehen und Attraktivität. Unter dem Vorwand, damit Chancengleichheit zu schaffen, treiben Bildungspolitiker diese Entwicklung zügig voran. Vielerorts gerät das Studium zur verschulten Ausbildung. Der personelle Mangel an den Universitäten und Hochschulen hat im Zuge dieser »Bildungsexpansion« dramatische Ausmaße angenommen. Drittmittel sollen Entlastung schaffen. Unter dem Druck, sie einzuwerben, können Professoren ihren Lehr- und Forschungsverpflichtungen allerdings nicht mehr angemessen nachkommen.

Während die fachlichen Ansprüche an vielen Hochschulen bereits drastisch heruntergeschraubt wurden, um die Zahl der Absolventen in die Höhe zu treiben, haben Begabtere oft das Nachsehen: Begabtenförderung gilt in Deutschland als unsozial. Doch dafür wird langfristig nicht nur im Bildungswesen ein hoher Preis zu zahlen sein.

»Hans Peter Klein hat – für manche schmerzhaft – den Finger in die Wunde gelegt.« *Forschung & Lehre*

Hans Peter Klein

Vom Streifenhörnchen zum Nadelstreifen

Das deutsche Bildungswesen im Kompetenztaumel

328 Seiten, 13 x 20 cm, Hardcover
ISBN 978-3-86674-537-7

Jahr für Jahr steigen die Abiturientenquote und die Anzahl der Absolventen mit Bestnoten. Wir scheinen uns in einer Phase der beschleunigten Evolution von Intelligenz zu befinden. Wie konnte es dazu kommen? Der Bildungsforscher Hans Peter Klein hat über Jahre die Anforderungen für das Abitur in verschiedenen Bundesländern unter die Lupe genommen. Ein Versuch, den er in diesem Rahmen durchführte, sorgte landesweit für Schlagzeilen: Den Schülern einer neunten Klasse legte er die Abituraufgaben im Fach Biologie vor, und die konnten sie erfolgreich lösen. Sie mussten lediglich die in einem Text enthaltenen Informationen richtig wiedergeben. Wenn nur noch »Kompetenzen«, keine auf selbständigem Denken basierenden Erkenntnisse eingefordert werden, können schulische Leistungen zwar scheinbar exponentiell steigen, aber um den Preis, dass die Schüler nur noch für ihr späteres Berufsleben zugerichtet werden. Klein beschreibt Szenarien, die sich zuweilen wie Satire lesen, jedoch bittere Realität sind – mit einschneidenden Konsequenzen.

»Klein formuliert pointiert, teils sarkastisch zugespitzt.«
Frankfurter Allgemeine Zeitung

»Es gelingt Klein immer wieder, treffsicher Probleme offen zu legen.« *Zeitschrift für Erziehung und Schule*

Jürgen Kaube

Im Reformhaus

Zur Krise des Bildungssystems

zu Klampen Essay
Herausgegeben von Anne Hamilton

176 Seiten, 11,5 x 18,5 cm, Hardcover
ISBN 978-3-86674-407-3

»Bildung durch Wissenschaft« lautet das oft beschworene Ideal der deutschen Universität, die Erringung der Hochschulreife gilt als Ziel des Gymnasiums. Inzwischen hat sich durch bildungspolitische Reformen beides gewandelt. Schüler und Studenten sollen »fit gemacht werden« für ihre spätere berufliche Laufbahn. Worauf kommt es künftig an: Bildung oder »Kompetenz«?

Die deutsche Bildungspolitik glänzt durch Kurzatmigkeit und Reformeifer. Mittlerweile wird das Abitur als Instrument der sozialen Chancenverteilung betrachtet. Damit gerät die Schule unter enormen Erwartungsdruck. An den Hochschulen schreitet die Bürokratisierung im Zuge des Bologna-Prozesses voran, hat sich die spezialisierte Forschung von der Lehre weitgehend abgekoppelt. Allmählich beginnt man, die Erhebungen der Pisa-Studie und die Folgen des Bologna-Prozesses zu hinterfragen. Jürgen Kaube beobachtet und kommentiert seit nunmehr 15 Jahren die Entwicklungen der deutschen Bildungspolitik und fragt: Welche Bildung wollen wir?

»Wer das Elend der Bildungsdebatten näher betrachten will, (…) kommt an dieser Sammlung von Essays nicht vorbei.«

Süddeutsche Zeitung